聚落環濠 × 邦國城池 × 大都無城……
以中國古代城池的格局演變，重構文明

城郭中的歷史

考古學視角下的城池文明史

二里頭都邑所展現的「大都無城」的文化自信、
春秋時期以軍事目的遍築防禦工事的建城高峰

許宏 著

城郭之別、城址考古、宮室格局──「城」的中國史！
從小型環濠到都邑規模的演變，透視中國城池與文明演進的興衰變遷

目 錄

一 引子

010 　解題
016 　關鍵詞①：聚落和邑，城與城邑
020 　關鍵詞②：城市、都邑
024 　關鍵詞③：城郭、宮城與皇城

二 城的前史和初史

030 　相關古史大框架
034 　城的前史 —— 無城時代
037 　城的初史 —— 小型環壕時代

三 城池時代的開端

046 　大型環壕昭示社會複雜化
049 　城牆的萌芽
053 　史上第一個城建高峰
055 　大型中心聚落的出現
059 　最早的版築城牆

四　邦國時代的城池

- 062　從圓形不規則，到方正規矩
- 066　邦國城池之南方篇 —— 水城
- 075　邦國城池之黃淮篇 —— 土城
- 083　邦國城池之北方篇 —— 石城

五　城市、國家與文明

- 092　語源同胎，一體三面
- 095　從遺存尋城市，從城市尋國家
- 098　城市產生及初步發展軌跡

六　青銅王都的特質

- 104　中原中心的出現
- 108　王朝都邑的龐大化
- 110　宮室是都邑的必備要素

七　大都無城縱橫談

- 116　何謂「大都無城」？
- 122　「大都無城」為常態
- 125　城市布局尚缺乏規劃

八　大都無城的肇始

- 130 ｜ 與馮時教授不謀而合
- 133 ｜ 從圍垣到環壕
- 136 ｜ 無郭之都二里頭

九　城郭大邦二百年

- 142 ｜ 二里崗文明的擴張
- 146 ｜ 主都唯鄭州
- 151 ｜ 輔都看偃師
- 155 ｜ 比較分高下
- 157 ｜ 南國重鎮盤龍城

十　青銅王都大邑商

- 164 ｜ 洹水兩岸出大都
- 166 ｜ 方壕：回歸「無城」的先聲
- 169 ｜ 洹南大邑又無城
- 174 ｜ 商文明，一腳門裡一腳門外

十一　西周三都的大格局

- 178　赫赫宗周之周原
- 183　赫赫宗周之豐鎬
- 187　被冷落了的東都雒邑

十二　東周列國的城建高峰

- 194　「大都無城」的餘緒
- 202　城建高峰面面觀
- 206　宏觀：列國城邑分割槽
- 208　微觀：城邑形態分析
- 211　都邑格局的鉅變

十三　帝都不設防的霸氣

- 218　秦都咸陽：有城還是無城
- 223　漢長安：是城還是郭
- 229　秦漢二都設計思想探源
- 231　東漢洛陽：最後的無郭之都

十四　秦漢都邑的變與不變

- 236 ｜ 帝都的突破
- 239 ｜ 宮廟制度之變
- 241 ｜ 三都的歷史位置
- 244 ｜ 帝國城邑面面觀

十五　後大都無城時代的特質

- 248 ｜ 魏晉至隋唐時代城池
- 251 ｜ 宋元明清時代城池
- 255 ｜ 晚出的大中軸線
- 258 ｜ 馬背族群的城建貢獻

十六　尾聲：新大都無城時代 —— 破除阻礙的時代

注釋

後記

目錄

一　引子

一　引子

解題

　　身為一名資深考古人，筆者學術生涯的大半部分，都是和城池這種「不動產」的發掘與研究相關的。2021 年，中國考古學這門學科剛過了百歲生日，現在，我們已經有這個自信來跟大家分享考古學界從對城池的研究，到探索中國文明起源與發展過程的初步成果了。

城池內外的視域

　　大家知道，在人類歷史上，大概沒有哪個地域、哪個族群的人，比生活在華夏大地上的各個族群更喜歡築城了。「無邑不城」，只要人聚集的地方就得圍起來。卷帙浩繁的古典文獻中，充斥著關於城和築城的記載；廣袤的神州大地上，至今仍保留著聳立於地面之上的斑駁的古城牆。至於那些被埋在地下，後來又被考古工作者發現而重見天日的城池，更是比比皆是。可以說，城郭（內城外郭）是這塊曾經戰亂頻仍的土地上的一大「特產」。

　　其中，令人印象最為深刻的是那些龐大的都城，城牆高聳，壁壘森嚴。令人記憶猶新的是半個多世紀之前還在的明

> 解題

清北京城,至今還斷續可見的明代的南京城,地處北京的元代的大都,淹埋於黃土下的開封北宋汴梁城,被考古學家移到紙面上的棋盤格似的隋唐首都長安城和東都洛陽城等等。鱗次櫛比的里坊或衚衕,以及將它們圈圍起來的高大城郭,構成了中國古代帝國都城最鮮明的文化遺產象徵。

　　所以,不只是大眾,即便是考古學術圈,一般也都是把「無邑不城」作為中國古代都城的一個顯著特色來加以強調的。但細加分析,就不難發現這一特徵並非貫穿中國古代都城發展的始末,而是有鮮明的階段性。(許宏 2016A) 在這裡,我們要提出並試圖解答的問題是,中國最早的「城」出現於何時?古代都城的早期階段有著怎樣的發展軌跡?城郭齊備的狀態源遠流長嗎?是單線平緩「進化」,還是有重大「變異」和波動?背後的動機又是如何?如此種種,看似細碎,其實都是涉及中國古代都城甚至中國古代文明發展過程的重要問題,因而成為學術界關注的焦點和大家感興趣的話題。

清北京城 - 西直門全景(羅哲文攝,1948)

一　引子

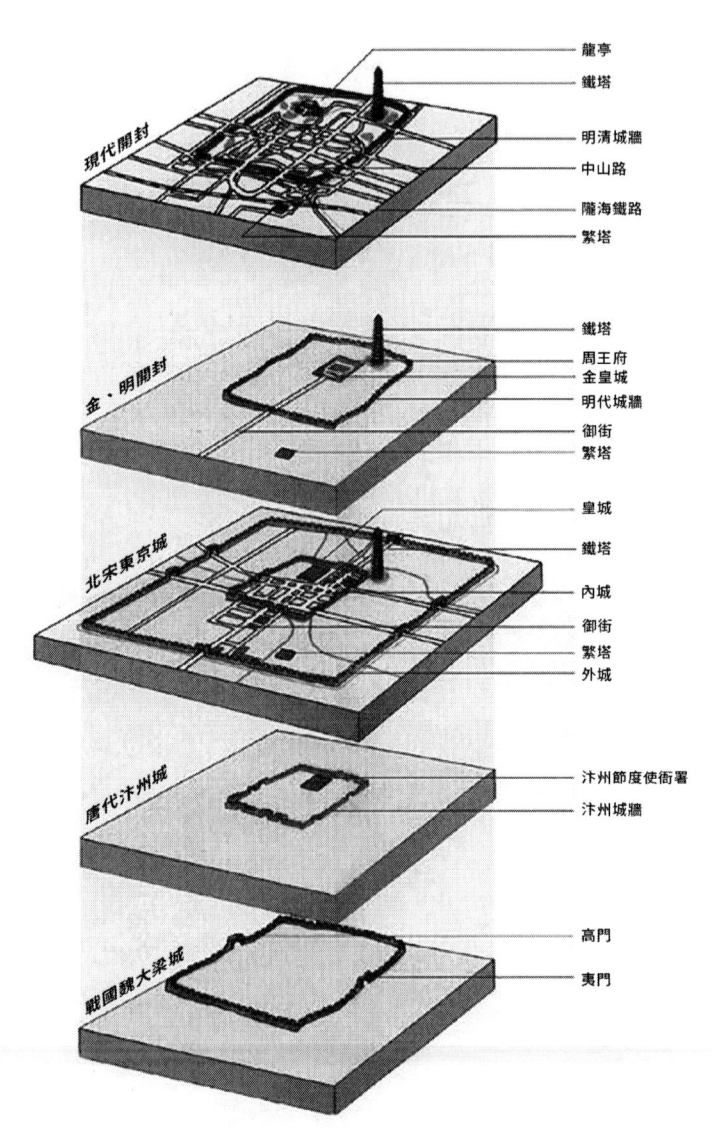

開封歷代「城摞城」示意（據河南博物院 2017 改繪）

> 解題

　　由於中國特色的城郭制度並不是從一開始就有的，所以我們的觀察視野也不限於城郭之內，而及於城池內外。這包括圍起來的和沒有圍起來的村落、城市。城市中的大型中心都邑從不圍到圍起來的過程，它們本身就是中國文明史的重要內容，見證了華夏文明的起源與發展歷程。

　　在書中，我還要和大家一起對「城池」的概念進行思辨。《禮記・禮運》說「城郭溝池以為固」，城池，指的是城牆和護城河。但大家知道在上古時期，還有一個只有「池（環壕）」而沒有「城（城牆）」的時代，而用「池」圍起來的聚落也是「城（城邑）」嗎？這些問題，後面我會一一道來。

唐長安城復原示意

一　引子

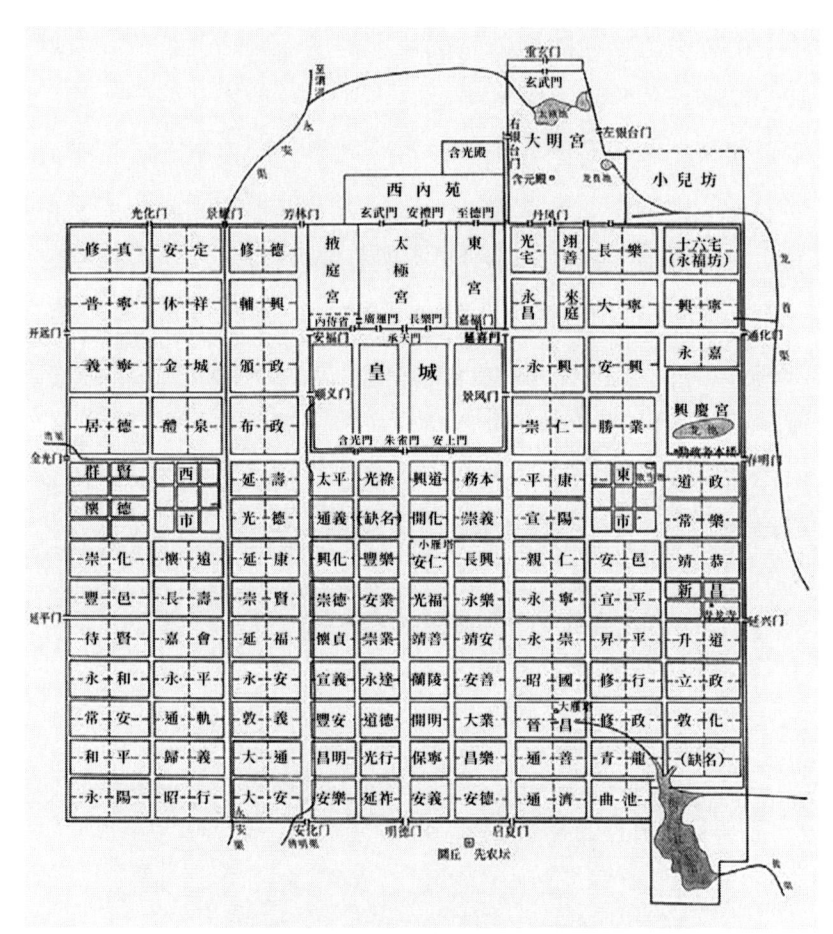

唐長安城平面復原（《考古學》編輯委員會等 1986）

解題

古代中國 華夏文明

　　上文我們提到「華夏文明」，這是個內涵豐富、比較複雜的概念，它以風俗習慣和思想文化為基準而不是種族的概念，其思想觀念萌生於夏商周王朝文明登場之際，形成於春秋時期，從漢族的前身到中華民族的代名詞，又有一個內涵和外延不斷變化壯大的過程。這些，都會在書中時時進行梳理闡釋，對城池的溯源，更遠遠早於華夏族群的誕生。所以，本書要講的是從距今 9,000 年前最早的城，直至一百多年前帝制結束（1911 年）時的城郭都邑，用個再通俗點的詞，就是一部從「圈子」到都城的古代中國史。

　　「圈子」的變遷，當然是社會變遷的一個縮影。這些圈子從極小到超大，從單純的防禦或區隔設施、稍簡易的環壕聚落到壁壘森嚴的龐大圍垣都邑，其間雖曲曲折折，但有一個發展的脈絡在裡邊。

一　引子

關鍵詞①：聚落和邑，城與城邑

聚落：人居之處，中國古代叫「邑」

聚落，在詞典中有兩種解釋，一是「人聚居的地方（settlement）」，一是「村落（village）」。在人類學、民族學和考古學界，一般用第一種含義，表示人類居住方式的一個大的範疇。學術界常用的「聚落形態」、「聚落考古」等詞語中的「聚落」，都是這個含義。一般所說的「聚落」，包含城市和農村兩種大的居住形態。最初都是村落，而城市（city），是人類社會發展到一定階段（一般認為進入文明時代）而產生的一種區別於鄉村的高級聚居形態。

這裡的聚落，對應中國古代文獻中的「邑」。從殷墟甲骨文中「邑」的用法看，顯然它是殷商人對居民聚居點的泛指，都邑乃至大小族邑通稱為「邑」。（宋鎮豪 1994）從指代其國都的「天（大）邑商」到最基層的邑落，「邑」的概念隨語言環境而多變，經常需要加定語才能確認它指的是什麼，而並不特指都邑城市。

關鍵詞①：聚落和邑，城與城邑

相關概念界定示意

城邑：就是圍子，不管用什麼圍

就外在形態而言，作為「邑」的聚落又可以根據圈圍設施的有無分為城邑（enclosure settlement）和非城邑（non-enclosure settlement）兩種。廣義的「城」就是指人們在聚落上構築的圈圍／區隔性設施（以防禦性為主）及擁有這種設施的聚落。（許宏 2017）

城，在現代漢語中有多種含義。辭典列出三種：一是「城牆」，二是「城牆以內的地方」，三是「城市（跟『鄉』相對）」。第一種含義屬於具體事物現象，看得見摸得著，城牆或加護城壕，構成「城池」，這個好理解；第二種含義是從聚落形態上看的，「長安城」、「北京城」的「城」，都是這個意思；

一　引子

　　第三種含義則是從社會發展的角度給出的定義，當代漢語中的「城鄉接合部」、「城鄉差別」中的「城」，就是這個含義。

　　由於考古學的研究對象是遺址，故一般以「城址」一詞稱呼這類帶有圍牆等圈圍設施的聚落遺址。

　　「城邑」不限於用城垣圍起的聚落，圈圍設施還包括環壕、柵欄和部分利用自然天險（如斷崖、峭壁、沖溝、陡坡等）構築的各類工事。從考古發現看，圈圍設施多為複合式的，如垣牆有土築、石砌和土石混築，其外又往往輔之以壕溝，壕溝則有水壕、乾壕之分。此外，還應有柵欄、尖樁等有機質障礙物，可惜這些都難以發現；部分利用自然天險如斷崖、深切河道和沖溝等則頗為常見，尤其多見於山城。為什麼要強調「部分利用」呢？因為如果是全部利用自然天險，那就沒有任何人工遺跡，也就與城無關了。

　　那麼，為什麼有些聚落要圍起來？主要有兩大原因：第一是區隔，第二是防禦。區隔是有親族關係的氏族、部落等集團之間，為區分各自的居住活動區而建的圍子。這類小城防禦設施偏弱。更多的是為了防禦，防禦又可按防範對象大致分為防洪水、防野獸或是防敵人，社會複雜化程度越深，防人的城越多。

關鍵詞①：聚落和邑，城與城邑

內蒙古林西白音長汗遺址的「雙子座」環壕與房址
（據內蒙古所 2004 改繪）

一　引子

關鍵詞②：城市、都邑

剛才介紹了「城」的三種意思，還比較好理解。我們再看辭典給出的這三種解釋的英文，問題就大了：一是「城牆（city wall）」，二是「城牆以內的地方（within the city wall）」，三是「城市（跟『鄉』相對）（town，city，urban area，metropolis）」（社科院語言研究所詞典編輯室 2002）。城牆就是城牆，就是個圍子，它圍起來的聚落可能是個城市，也可能是個村落。所以，下面幾個道理要講清楚：

城與圍不圍有關，與城市並不正相關

辭典給出的是 city wall（城市的牆），城牆以內的地方也是 within the city wall。難道只有城市才能有牆嗎？這當然是不對的。二里頭遺址所在的河南洛陽偃師區二里頭村，幾十年前還殘留著清代至民國時期為了防土匪而砌的寨牆、挖的寨壕，它是一座小城邑，但絕不是城市。

在東亞大陸的歷史上，城址林立的時代一般也是群雄競起、戰亂頻仍的時代，如龍山時代和春秋戰國時代。但即使在這兩個時代也還都見有沒築城牆的城市遺址。而大凡存在

關鍵詞②：城市、都邑

有國勢較強的廣域王權國家或帝國、社會相對穩定的時代，設防都城的比例也相對減少，如二里頭至西周時代和秦漢時代。由此可知包括城牆在內的圈圍設施的有無，與聚落的性質之間並無必然的關聯。

因此，我們要替辭典糾錯，即，用 city（城市）來界定 wall（牆）是不對的。

城市與城牆無關，與國家有關

眾所周知，「城市」已是抽象的概念而非具體的考古現象。我們不能指著哪棟建築、哪件器物說這就是城市，它是對一種特殊聚落的歸納和定性。

前述「城」的第三種含義用來借指城市，從語源上就可以明顯看出中國古代城市與防禦設施（城垣）的密切連繫。但我們要指出的是，儘管後來的中國古代城市一般都有城牆，但在中國城市發展的早期階段，並不是所有的城市都有防禦設施（城垣）；同樣，也並不是所有擁有防禦設施的聚落（城邑）都是城市。所以，考古學術圈一般不採用中文「城」這個概念的第三種含義，也就是不用「城」來指代城市。因為「城邑」（圈子）與「城市」是應當嚴格區別的。

這樣，考古發現的城址，就包含有城市遺址和非城市遺址（如軍事城堡、設防村落等）兩種。而城市遺址，也分為擁

一　引子

有圈圍設施的聚落（城邑）和沒有圈圍設施的聚落（非城邑）兩種。

那麼，如果城牆等不是城市的決定性指標，城市的指標是什麼呢？是內涵而不是外在形式。前面我們講過，城市是一種區別於鄉村的聚落形態。它比村落相對晚出現，僅見於人類社會發展的高級階段，也就是國家產生之後的階段。城市的本質特徵是：較大規模的聚居，居民構成複雜化，往往是區域或社會組織的中心。這個對城市的定義，應該可以涵蓋古今中外的所有城市，而且能夠包含其誕生期的特徵。

非城市類城址：
甘肅敦煌漢代驛站懸泉置遺址（吳建攝，如姬 2018）

試著為城市下定義

一、作為國家及其分支機構的權力中心而出現，具有一定地域內政治、經濟和文化中心的職能；貴族與王者作為權力的象徵產生於其中，在考古學上表現為大型夯土建築工程遺跡（包括宮廟基址、祭壇等禮儀性建築和城垣、壕）的存在。

二、因社會階層分化和產業分工而具有居民構成複雜化的特徵，非農業生產活動的展開（非農業人口的出現）使城市成為人類歷史上第一個非自給自足的社會（外部依賴型社會）。

三、人口相對集中，但處於城鄉分化不甚鮮明的初始階段的城市，其人口的密集程度不構成判別城市的絕對指標。（許宏 2017）

一　引子

關鍵詞③：城郭、宮城與皇城

城郭之別：圍起全民還是一小撮？

郭，辭典的釋義為「古代在城的外圍加築的一道城牆」。從聚落形態上看，郭是圈圍起整個聚落的防禦設施。郭有大城、郭城、外城、外郭城等不同的稱呼。相對於外郭，城郭中的「城」又被稱為小城、內城，指的是被圈圍起的聚落的一部分空間。

那些被圈圍起的部分聚落空間，往往具有特殊的功用。在早期都城遺址中，它們多為貴族或統治者所有，屬於一般意義的宮殿區，所以這類封閉性區域也往往被稱作宮城。城與郭的成熟形式，常見於社會複雜化之後的國家社會，最後形成了「築城以衛君，造郭以守民」（《吳越春秋》）的國家形態下的都邑功能分割槽。

關鍵詞③：城郭、宮城與皇城

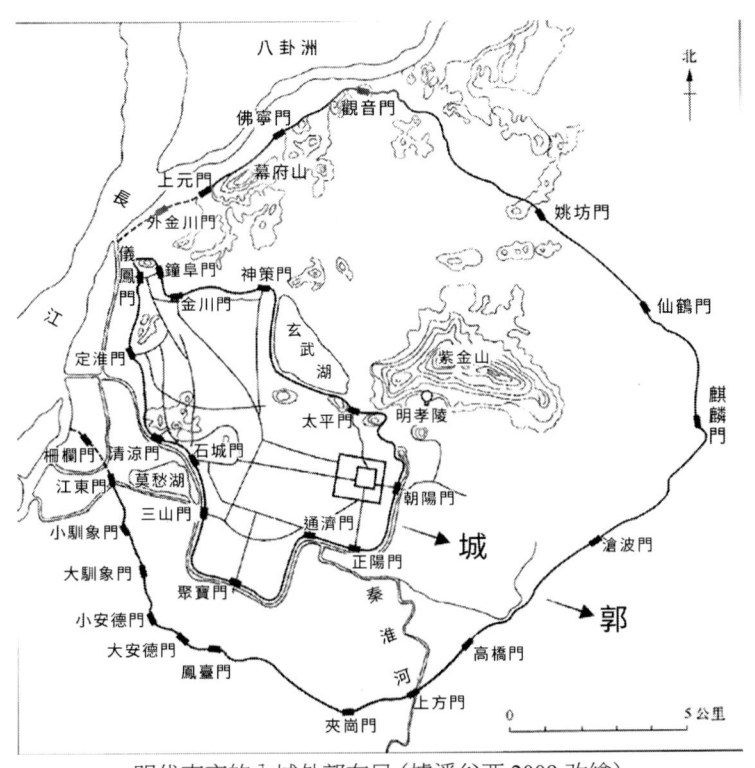

明代南京的內城外郭布局（據潘谷西 2009 改繪）

宮城與後起的皇城

　　小城、內城之類的名稱，是從規模或空間位置的角度給出的命名，雖然模糊，但具有很大的包容性；而宮城的命名，則是從屬性的角度給出的，意義明確但具有較強的排他性，使用時反而容易引發異議。如果一定要用宮城這一概念，就要考慮到它應有廣義、狹義之分。廣義的宮城即小城或內

一　引子

城,它包含了與宮室有關的各種建築、手工業作坊等附屬設施、貴族府第,甚至一般居民點和空地(苑囿)等;狹義的宮城則是指用宮牆圍起的、含有宮殿區內主體建築(一般為宗廟、寢殿所在)的大的院落。小城、內城、宮城在稱謂上的混亂,由來已久且持續至今。如果稍加整合,內城(小城)可以定義為等於或包含宮城,相當於廣義的宮城,在漢魏之後逐漸具有皇城的性質。至隋唐時期,以宮廷服務機構和朝廷辦事機構為主的皇城區域正式被明確下來。

西周都邑之一周原聚落分布態勢(西周晚期)(湖北省博物館 2014)

關鍵詞③:城郭、宮城與皇城

　　作為統治者權力中心之禁地不可能是開放的,所以不管有沒有外郭城,都城裡一定會包含帶有圈圍設施的封閉區域——「宮城」之類特殊的城。所以,即便是沒有外郭城的都邑,也屬於廣義的城邑的範疇。

　　這裡還有必要對另一個重要概念——「郭區」加以強調。夏、商、西周時期都邑的布局已經初步具備內城外郭的雛形,但一般沒有外郭城城垣(詳後)。當時的都邑遺址大都由宮殿區(宮城)及周圍的廣大郭區(含一般居民區、手工業作坊和墓地等)組成。早期城市中這種有鬆散的郭區而沒有外郭城城垣的現象,在文獻中也有跡可循。(許宏 2016A)

一　引子

二　城的前史和初史

二　城的前史和初史

相關古史大框架

　　秦漢之後的歷代王朝，大家應該都比較清楚。那時已是物質文化史中的鐵器時代，文字使用上的歷史（信史）時代，國家組織上的帝國時代。

　　而此前的早期城邑直至早期城市，出現於新石器時代中期（前仰韶時代，約西元前7000〜前5000年），歷經新石器時代晚期（仰韶時代前、後期，約西元前5000〜前2800年）和末期（龍山時代前、後期，約西元前2800〜前1700年），以及青銅時代（夏商西周時代至春秋晚期，約西元前1700〜前500年）和鐵器時代（春秋晚期至戰國時代及以後，約西元前500年以後）。

　　就文字的使用及其影響程度而言，跨史前（pre-history）時代、原史（proto-history）時代和歷史（history）時代，即沒有文字的時代、文字最初產生尚未發揮關鍵作用，或僅有後世追述性文字提及的時代，和文書材料極豐富的時代。它們的分界處大體在仰韶時代與龍山時代（三皇和五帝時代？），和二里崗文化與殷墟文化之間（確切地說，是殷商王朝的武丁王時期，也即甲骨文出現的時期）。

相關古史大框架

就社會發展階段而言,從大體平等的國家時代前的部族社會形態,到初步社會複雜化、多元政體並存的酋邦或邦國(古國)時代,再到多元而有中心的中原廣域王權國家時代,和逐漸走向統一的分立集權國家階段,即夏商周三代王朝直到春秋戰國時代。它的進一步發展,則是秦漢大一統中央集權帝國的形成。

我們以下的敘述,都是在這個大框架下進行的。(見附表,許宏 2017)

本書涉及的歷史發展階段示意

分期		絕對年代	主流城邑形態	物質文化	
前仰韶時代		7000BC-5000BC	環壕城邑	新石器時代	中期
仰韶時代	前期	5000BC-3500BC			晚期
	後期	3500BC-2800BC	垣壕城邑		
龍山時代	前期	2800BC-2300BC			末期
	後期	2300BC-1700BC			

031

二　城的前史和初史

分期		絕對年代	主流城邑形態	物質文化
二里頭—西周時代	二里頭時期	1700BC-1500BC	差序都邑（無郭）+垣壕城邑	青銅時代
	二里崗時期	1500BC-1350BC		
	殷墟時期	1350BC-1050BC		
	西周時期	1050BC-771BC		
東周時代	春秋時期	770BC-476BC	垣壕都邑、城邑	
	戰國時期	475BC-221BC		鐵器時代
秦漢時代		221BC-190AD	差序都邑（無郭）+垣壕城邑	
魏晉—明清		204AD-1911AD	都邑城郭齊備+垣壕城邑	

相關古史大框架

分期		絕對年代	文字使用	社會組織	朝代
前仰韶時代		7000BC-5000BC	史前時代	部族社會（？）	
仰韶時代	前期	5000BC-3500BC			
	後期	3500BC-2800BC		酋邦或邦國	
龍山時代	前期	2800BC-2300BC	原史時代	酋邦或邦國	五帝（？）
	後期	2300BC-1700BC			夏（？）
二里頭—西周時代	二里頭時期	1700BC-1500BC		中原中心出現廣域王權國家	夏/商（？）
	二里崗時期	1500BC-1350BC			商前期（？）
	殷墟時期	1350BC-1050BC	歷史時代		商後期
	西周時期	1050BC-771BC			周
東周時代	春秋時期	770BC-476BC		分立集權國家	
	戰國時期	475BC-221BC			

二　城的前史和初史

分期	絕對年代	文字使用	社會組織	朝代
秦漢時代	221BC-190AD	歷史時代	統一帝國為主	秦漢
魏晉—明清	204AD-1911AD			隋唐宋元明清等

城的前史 —— 無城時代

舊石器時代至新石器時代早期（約 700 萬～ 7,000 年前）

這裡所說的城的前史，指的是無城的時代。

它的上限，可以上溯到人類起源的時代，而人類起源，最廣泛的定義是約 700 萬年前，人類與其近親黑猩猩相揖別。如果從直立人算起，距今也有 200 萬～ 180 萬年。在悠長的人類發展的早期階段，古人類從事著狩獵、捕魚和採摘野生植物的生活，居無定所，一般是在洞穴中、岩棚下或在樹上築巢而居。舊石器時代晚期，已有戶外遺址被發現。西亞的以色列一帶已發現了西元前 1.8 萬年前的人類定居地，在那裡發現了棚屋遺跡。（保羅·巴恩 2021）

江西萬年仙人洞遺址，這裡發現了 2 萬年前的陶器

二　城的前史和初史

土耳其加泰土丘遺址房屋復原

西元前 11500～前 9600 年，西亞幼發拉底河流域的定居村莊已有居民 100～300 人。大致從這時起，人們開始培植植物和馴化動物，逐漸過上半定居和定居生活，活動範圍擴展到平原地帶，他們在曠野上搭建住所或季節性營地，這就是所謂的曠野居。到了西元前 7000 年前後，有些西亞的前陶（陶器發明前）新石器時代村落的人口可達上千人。（保羅‧巴恩 2021）

東亞大陸迄今發現的距今 1 萬年前後的早期新石器時代遺址，仍然以洞穴類為主，後來的曠野類居住地，成為人類定居生活的一種全新選擇。在河南新密李家溝曠野類遺址，發現了距今 10,500 年至 8,600 年左右連續的文化堆積，揭示了該地區史前居民從流動性較強、以狩獵大型食草類動物為主要對象的舊石器時代，逐漸過渡到具有相對穩定的棲居形

態、以植物性食物與狩獵並重的新石器時代的演化歷史。(王幼平等 2016)而原始人群從洞穴走向曠野的原因,應是農業已發展到農耕,即因耕作需求而對土地加以管理的階段。從遊蕩的獵人到安土重遷的耕者,只有具備長期定居特徵並形成聚落群的曠野聚落,才能稱得上是村落。

河南新密李家溝遺址出土陶器殘片

二　城的前史和初史

城的初史 —— 小型環壕時代

新石器時代中晚期
（前仰韶至仰韶時代前期，約前 7000～前 3500 年）

世界上最早的城

　　世界範圍內最早的城址發現於西亞約旦河口附近、巴勒斯坦境內的耶利哥（Jericho），年代在西元前 8000 年前後，城牆和壕溝均由石塊壘砌而成，此外還有望樓，這是一處屬於前陶新石器文化時代的農業聚落。研究者指出，如此規模的城牆和壕溝的興建，所需的政治和經濟資源規模，是幾千年內聞所未聞的。興建城牆的原因，可能是作為防洪工程或防禦工事，防止鄰近群落與之爭搶稀缺的食物資源。

巴勒斯坦耶利哥遺址全景

城的初史―小型環壕時代

如果說城邑是人類社會發展到一定階段的產物，那麼它的出現首先是早期人類群團處理人與自然的關係和人與人之間關係的產物。它是伴隨著定居和農業生活的出現而初現於世的，它的誕生與後起的城市、文明、國家的出現沒有關係。這是一個非常好的例證，說明最初的城不是城市。

東亞最早的城 —— 前仰韶時代環壕

迄今所知東亞大陸最早的城址，屬於環壕類城邑。這批環壕聚落見於浙江境內錢塘江上游的上山文化遺址，如義烏橋頭、嵊州小黃山、永康湖西等，上山文化的年代約為西元前9000～前6500年。環壕聚落見於其中晚期，年代在西元前7000年前後。已知橋頭遺址環壕圍起來的面積為3,000多平方公尺，這也是最小的一處環壕，發掘者認為環壕圍起的中心臺地應為舉行儀式活動的專門區域，生活區位於其外。（蔣樂平等2022，陳同濱等2022）從地理位置上看，這些環壕聚落也是分布最靠南的一群。從嚴格意義上講，上山文化所在的錢塘江流域係獨立的水系，並不屬於長江流域。錢塘江流域上游地區的河谷平原，迄今為止已發現屬於上山文化的有20餘處遺址，這是迄今所知東亞大陸最早的出現村落定居的農業社會，而且與稻作起源、製陶技術的出現在時間上大體共時。

二　城的前史和初史

耶利哥遺址望樓

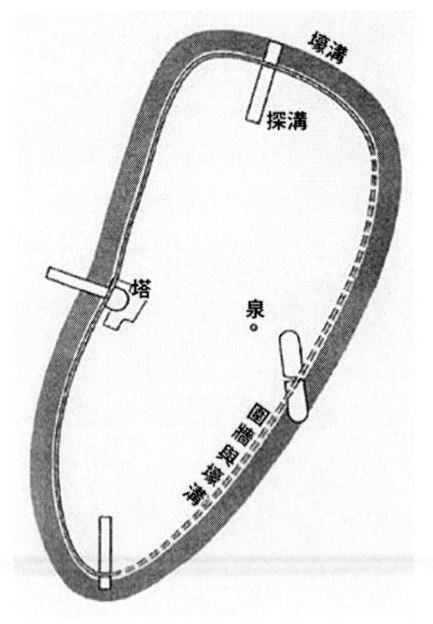

耶利哥遺址城壕布局

上山文化環壕聚落 - 浙江義烏橋頭

城的初史——小型環壕時代

上山文化環壕聚落 - 浙江嵊州小黃山

西元前 7000～前 5000 年,是東亞大陸城邑的初現期,這個時代屬於考古學上的前仰韶時代(顧名思義,即仰韶文化之前的時代)。已發表資料的城邑遺址僅 10 餘處,均為環壕聚落,在北起遼河,南至長江流域、錢塘江流域的廣大地域均有分布。除上山文化外,還見於遼河流域的興隆窪文化、黃河中游的裴李崗文化、黃河下游的後李文化、淮河中下游的順山集文化以及長江中游的彭頭山文化和皂市下層文化。

有學者將東亞大陸史前農業從發生到發展的過程劃分為四個階段:萌芽階段(約西元前 9500～前 7000 年)、確立階段(約西元前 7000～前 5000 年)、快速發展階段(約西元前 5000～前 3000 年)、穩定發展階段(約西元前 3000～前 2000 年)。「南稻北粟」的格局從農業初始階段就已奠定,最終確立於約西元前 7000～前 5000 年之間。(張居中

041

二 城的前史和初史

等 2014）上述這批最早的環壕聚落，即出現於史前農業的確立階段，而此後農業的快速發展和穩定發展期，與環壕和圍垣城邑的發展大致同步，這顯現了城邑與定居農業的密切關聯。

內蒙古敖漢旗興隆窪遺址的環壕與房址

湖南澧縣八十壋遺址的環壕

城的初史─小型環壕時代

除上山文化的環壕稍早之外,其他區域環壕聚落最早出現的時間集中於西元前 6200～前 6000 年前後。這批最早的環壕城邑,都相當於新石器時代中期。可以理解的是,這一時期各地定居農耕文化大致同步臻於興盛,圈圍聚落的出現本身也是定居生活興盛的一種表現。大致的共時性,則表明這種聚落圈圍現象應不屬於文化傳播的結果,而是各自因地制宜、獨立發生的。

總體上看,城邑發展的初始階段具有地廣人稀,聚落數量少、城邑規模小(壕內最大面積 7.5 萬平方公尺),圈圍設施基本為環壕等特點,這一時期或可稱為城邑發展史上的「環壕時代」。同時,由考古資料也可知,城邑作為防禦或區隔性聚落,都屬於尚無社會分化跡象的農耕聚落,它們的問世遠遠早於城市、文明和國家。

仰韶時代前期的環壕

進入仰韶時代前期(約西元前 5000～前 3500 年),史前農業也進入了快速發展的階段。迄今為止,共發現城邑 20 餘處,主要見於黃河中游及左近地區仰韶文化早中期諸類型,分布最為集中的是自渭河下游的關中至豫中一線。此外,北方地區的內蒙古中南部至東南部以及南方地區的長江中游也有發現。

二　城的前史和初史

　　在屬於仰韶文化中期的廟底溝類型興起之前，仰韶文化的聚落面積還不大，一般在 5 萬平方公尺左右。其顯著特點是在聚落內較明確地劃分居住、生產和埋葬區的範圍；居住區往往採取凝聚式和內向式的格局，同時內部已有明確的區劃，注重防禦設施的布置。

　　以陝西西安臨潼姜寨為例，其居住區居中，周邊繞以環壕，壕外之東部和東南部為墓地，公共製陶窯場則位於西南部的河邊。居住區內的房屋分為 5 群，每群都由一座大房子和若干中小型房屋組成。房屋都面向中心廣場，形成一個近乎封閉的圓圈。居住區內還有牲畜圈欄和很多窖穴。據推測，環壕內側可能還有籬笆或寨牆，寨門等處設置有哨所，構成較為完備的防禦系統。（西安半坡博物館等 1988）這類擁有共同防禦設施或固定界域、以中心廣場為核心的內聚式的環形布局應是發達的原始聚落形態的典型模式。

陝西臨潼姜寨新石器時代環壕聚落復原（考古所 2010B）

三　城池時代的開端

新石器時代晚期
（仰韶時代後期，約西元前 3500～前 2800 年）

三　城池時代的開端

大型環壕昭示社會複雜化

在對仰韶文化前期城邑梳理的過程中，可以發現一個顯著的現象，即這些城邑中面積在 20 萬平方公尺以上的大型聚落，如陝西西安高陵楊官寨，河南靈寶西坡、北陽平、五帝，三門峽廟底溝和三里橋等都屬於前期後段即仰韶文化中期。連結考古調查顯示，廟底溝類型的聚落數量、組成結構發生了非常大的變化。各區聚落數量都明顯增加，並出現了許多大型中心聚落。種種跡象表明，仰韶文化中期是中原地區複雜社會的肇始。

地處涇、渭兩河交會處附近的西安高陵區楊官寨遺址總面積達 80 餘萬平方公尺。位於遺址北區的環壕大致呈梯形，壕內面積 24.5 萬平方公尺。環壕中央有大型水池遺跡，應為一處人工水利設施，環壕外分布著大型墓地。據調查，涇、渭兩河交會地帶還有若干同時期遺址，但規模均小於楊官寨遺址，楊官寨遺址應是關中地區廟底溝文化的一處中心聚落。（王煒林等 2019）

大型環壕昭示社會複雜化

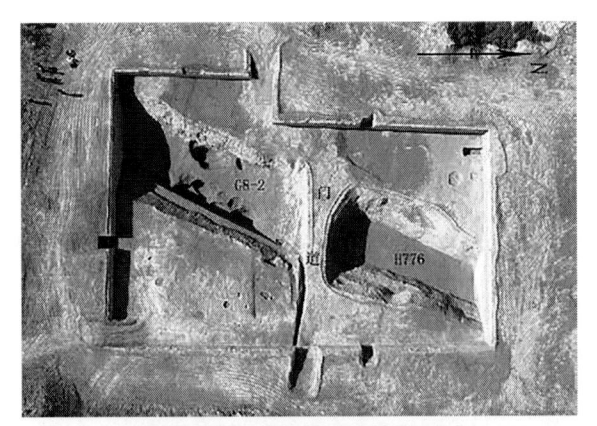

陝西西安楊官寨遺址環壕西門址

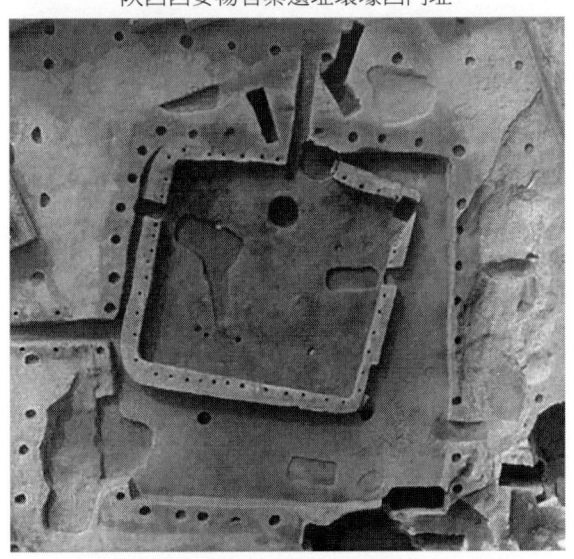

河南靈寶西坡遺址的兩座相互疊壓的「大房子」

　　靈寶西坡遺址位於豫陝晉三省交界地帶的黃河南岸鑄鼎原上，大型房址、墓地和眾多重要遺物的發現，確立了其作為仰韶文化中期核心地區大型聚落的地位。聚落內分布的多

047

三　城池時代的開端

座大型房址面積超過 100 平方公尺，最大的建築面積近 300 平方公尺。其規模宏大、結構複雜、建造工藝精緻講究，在同期的房屋中尚屬僅見。年代較早的大型房址的門道均指向中心廣場。包括大型墓葬在內的墓地規格，也高於同期其他普通聚落，例如隨葬玉石鉞、象牙器等顯現出身分地位的象徵物與外來稀有物品的結合。已發現的兩道壕溝分別位於遺址南、北兩側，與東、西兩側的河流共同組成聚落的外圍屏障，圈圍起的面積達 40 萬平方公尺。（李新偉等 2019）中心聚落與一般聚落在社會角色上的差異已相當顯著，社會複雜化過程悄然開啟。

城牆的萌芽

在講述與社會複雜化相伴生的城池時代之前，我們先回顧一下上一階段環壕時代中城牆的萌芽。

垣與壕的孿生關係

在東亞大陸，新石器時代圈圍聚落的主流是環壕聚落。壕溝係下挖而成，工作量較壘砌城牆要小，較易完成，所以最初的圈圍設施多為壕溝。壕溝內外側間或發現有堆壘而成的土圍或土壟。這種土壟也常見於日本彌生時代的環壕聚落遺址中，日文稱為「土壘」。一般為挖壕時對排出土做就近處理所致，與後來具有特定功能的圍牆不同，但二者應有淵源關係。下挖成壕與上堆為牆，兩者並用即可增加高差，先民應該很早就認知到了這一點。在屬於環壕時代的湖南澧陽平原上的澧縣八十壋遺址彭頭山文化遺存中，就出現了用挖壕時的排出土堆積成土壟（土圍）的做法，約當西元前 6000 年前後，可以看作東亞大陸城牆的最早前身。

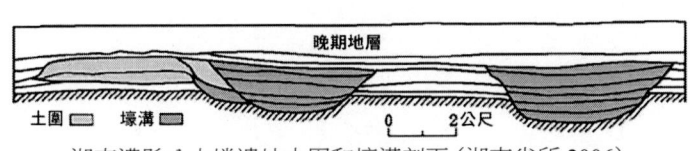

湖南澧縣八十壋遺址土圍和壕溝剖面（湖南省所 2006）

三　城池時代的開端

　　有些環壕聚落，也許在最初本來有城牆，但遭晚期破壞，城牆已不存在，因而被認定為環壕聚落的情況也應該是有的。此外，作為城牆前身、挖壕時排出土堆疊而成的土壟，其出現時間與環壕的出現幾乎同時，都可見環壕聚落與垣壕聚落之間並沒有本質的差異。這充分顯現了城垣與壕溝的孿生關係。有學者把城牆加環壕這種聚落模式，稱為「環壕土城聚落」，似不確切。鑑於環壕聚落也屬於城邑，而以往被稱為「城」的圍垣城邑絕大多數伴有圍壕，所以我們稱之為「垣壕聚落」或「垣壕城邑」。

　　地處澧陽平原的湖南澧縣城頭山遺址，提供了一個從環壕到垣壕聚落的典型例證。這個遺址各時期文化堆積豐富，最早的文化遺存是相當於仰韶時代前期的湯家崗文化（約西元前 5000～前 4300 年）和大溪文化（約西元前 4300～前 3500 年）。（湖南省所 2007）

湖南澧縣城頭山遺址

> 城牆的萌芽

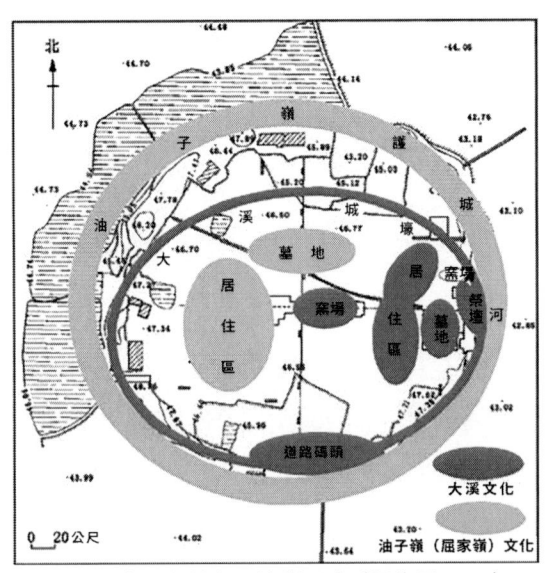

城頭山遺址聚落布局演變示意（郭偉民 2010）

　　湯家崗文化時期，這裡先開挖了環壕，環壕內是居住和生活區，壕內面積約 2 萬平方公尺。在東部壕溝以外，發現了這一時期的水稻田。其後，大溪文化一期開始在湯家崗文化時期環壕的基礎上營建城牆和外壕，城圈以內的面積在 5 萬～ 6 萬平方公尺。城內分布有祭壇、祭祀坑、墓地和居住區，居住區內可能已存在排房。

　　大溪文化時期是城頭山聚落的空前繁榮時期。此時的城牆進一步擴建；外壕已經與古河道連為一體，城南牆上的通道一帶被整修為水陸碼頭。後來文化遺存的分布範圍較此前擴大了許多，城垣的擴建可能與城頭山聚落人口的增加有

三　城池時代的開端

關。推測建城以後，稻田區已轉移到城外，城內則成了居民日常生活和其他生產活動區域。

從彭頭山文化到湯家崗文化，澧陽平原在經歷了近兩千年的環壕聚落及其伴生品——土圍（土壟）的建造實踐後，終於在大溪文化時期，誕生了東亞大陸最早的垣壕結構的城邑。

據研究，著名的西安半坡遺址，最初在居住區的範圍內建造有內外兩重環壕。原來所謂居住區周圍的大圍溝就是外壕所在。而在半坡聚落的後期，沿北部原來外壕的外側口沿，還發現有一條硬土帶，現存長度20餘公尺，很有可能是夯土堆築的早期城牆建築的殘跡。（張學海1999，錢耀鵬2000）這還有待進一步的發現去驗證。

早期的圍柵、環壕和城垣等圈圍設施尚不具有多少權力（神權或王權）的象徵意義，大多是出於區隔或守衛上的需求而構築的圈圍設施。它的有無取決於當時的親緣組織關係與認同，政治、軍事形勢，戰爭的規模與性質乃至地理條件等多種因素。

史上第一個城建高峰

仰韶時代後期（約西元前 3500～前 2800 年），真正意義上的垣壕聚落始見於長江中游地區並興盛於龍山時代前期（約西元前 2800～前 2300 年）。與此同時，版築城垣技術初現於仰韶時代後期的中原地區，到了龍山時代後期（約西元前 2300～前 1700 年），黃河中下游地區的垣壕聚落達於極盛。整個龍山時代，龐大的中心城邑開始出現，這是以垣壕為主的城邑營建的第一個高峰期。

仰韶時代後期的城邑，迄今共發現 30 餘處。與仰韶時代前期相比，北方地區內蒙古中南部仍有環壕聚落發現；內蒙古東南部至遼西一帶，紅山文化晚期環壕聚落更為發達。在黃河中游，仰韶文化後期的環壕聚落的分布範圍大為縮小，集中發現於豫西至豫中的鄭（州）洛（陽）一帶，而不見於其他地區。新興的夯土版築城牆在該區首次被發現。長江中下游地區在延續環壕聚落的基礎上，垣壕聚落開始有較多的發現。

三　城池時代的開端

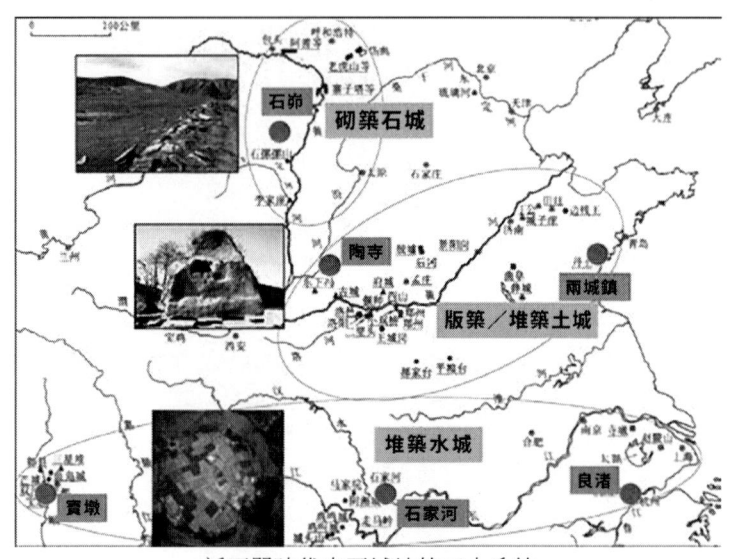

新石器時代東亞城址的三大系統

進入龍山時代前期，長江中游地區仍領風氣之先，屈家嶺——石家河文化系統的城邑垣壕並重，以壕為主，「水城」特色既是區域上因地制宜的產物，又連通環壕與垣壕，具有承上啟下的意義。與此同時，河套與晉陝高原地區的「石城」大量出現，令人矚目。與此形成鮮明對比的是，中原及左近地區在仰韶時代晚期的鞏義雙槐樹和西山等城邑曇花一現之後乏善可陳，直到龍山時代後期才有垣壕聚落的成群出現，形成「土城」群。而從前仰韶時代以來3,000多年基本不見城邑的山東海岱地區，開始出現環壕甚至垣壕聚落。龍山時代，是一個風起雲湧的大時代。

大型中心聚落的出現

　　最近披露的河南鄭州地區仰韶文化晚期的多處遺址規模均較大，多有數十萬平方公尺者，所發現的環壕聚落面積也較大。鞏義雙槐樹遺址北臨黃河，現存面積達117萬平方公尺，發現有仰韶文化中晚期的3道環壕。其中發現了4處經過規劃的墓地，共發現1,700餘座墓葬，此外還有院落式夯土基址、大型夯土建築群基址等。發掘者認為雙槐樹遺址是迄今為止在黃河流域發現的仰韶文化中晚期（西元前3300年前後）規模最大的核心聚落。這處中心聚落遺址的周圍還有若干中小型聚落形成的較大的聚落群。

河南鞏義雙槐樹遺址地形大勢

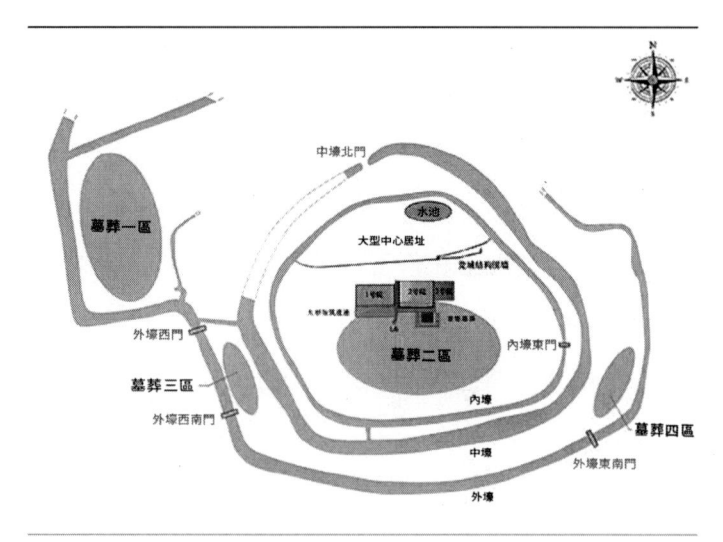

三　城池時代的開端

河南鞏義雙槐樹遺址功能分割槽示意（顧萬發等 2021）

前面提及的湖南澧縣城頭山遺址，在相當於仰韶時代後期的屈家嶺文化時期，城牆和外壕又進行了更大規模的擴建，形成了最後的聚落格局。城的中西部是生活區，發現了包括臺基式在內的多種建築和道路。城的北部坡地上開闢了公共墓地。挖掘與研究顯示，屈家嶺文化時期垣壕系統的修建有嚴密規劃，施工有統一的協調與控制。

距離城頭山 13 公里的澧縣雞叫城是澧陽平原上又一座新崛起的中心聚落，它在環壕聚落的基礎上建立起了發達的稻作農業城池系統，水渠與護城河及河道相連通，城牆和護城河外圍還有兩道環壕。環壕有多重功能，既可以防禦自然和人為的侵害，又占盡供給排水、灌溉、運輸之便。這裡發現

> 大型中心聚落的出現

了多座木建構築，其中規模最大者係地臺式加干欄式，室內建築面積達 420 平方公尺，加上外圍廊道，總面積逾 600 平方公尺。（郭偉民 2022）

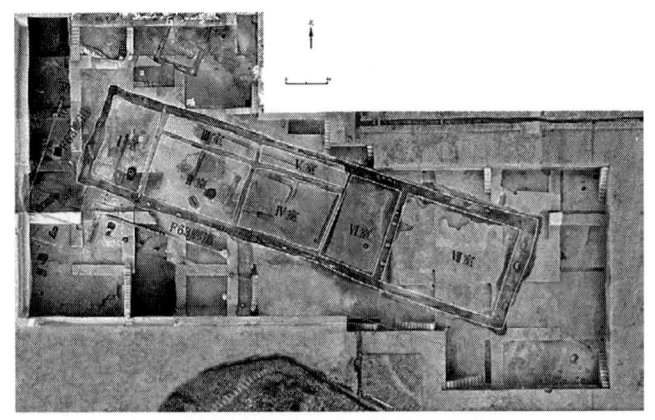

湖南澧縣雞叫城的大型木建構築

地處長江下游北岸的安徽含山凌家灘遺址，素以出土大量精美玉器而著稱。遺址面積達 140 萬平方公尺。作為該區域最大的聚落，凌家灘出現了以顯貴為中心的專有墓地。但墓地中既有隨葬大量精美玉石器的高等級墓，也有只隨葬數件遺物的低等級墓，呈現出一種雖已有等級結構但規範程度尚不完善的狀況。不規則形環壕圈圍起生活居住區，兩端與河道相通。大型墓地則位於環壕以外，但有通道連通生活區。遺址周圍分布著若干小型聚落。

| 三　城池時代的開端

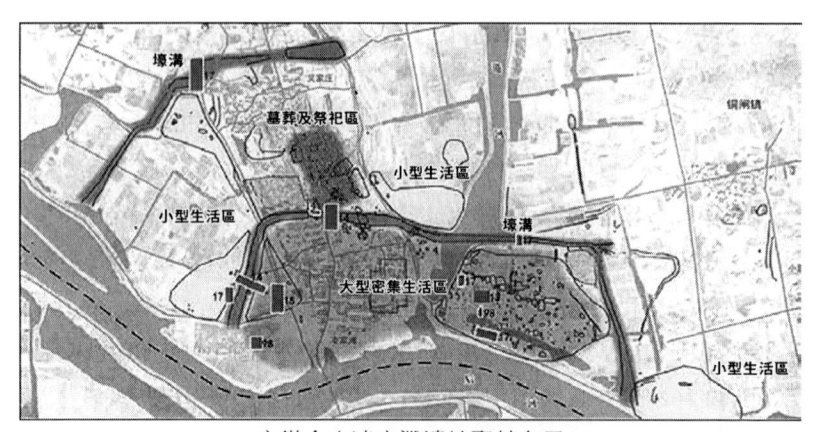

安徽含山凌家灘遺址聚落布局
（圖中紅底白框旁數字表示發掘年分）（吳衛紅等 2022）

最早的版築城牆

　　鄭州西山仰韶文化晚期遺址,與同時期的大型聚落一樣,圍以兩重環壕。外壕為深壕,圈圍起的面積達 35 萬平方公尺。令人矚目的是在內壕的內側發現了夯土圍垣,城垣建造與使用時間約西元前 3300～前 2800 年。這是中原地區乃至黃河流域最早的垣壕結構的城邑。

　　城垣平面近圓形,直徑約 180 公尺,加上外圍的環壕,面積可達 3 萬多平方公尺。值得注意的是,這座城只圈圍起了整個環壕聚落的一部分。城內發現大型夯土建築基址,周圍有數座房基環繞,其北側是一處面積達數百平方公尺的廣場,推測這應是一座功能特殊或等級較高的建築。城內有集中燒製陶器的場所。此外還有以人奠基和祭祀的現象。種種跡象,或許暗喻著社會層級的分化和權力的存在。

　　但也有學者在綜合分析了西山遺址及其所處環境的基礎上指出,西山城應該不是整個文化的中心,而是位於來自淮河下游方向的強大文化即大汶口文化的前沿接觸地帶,具有防禦功能的軍事據點。

　　城牆採用方塊版築法(或稱小版築法)築成。各版塊交錯

三　城池時代的開端

疊壓，隨高度增加而逐級內收，呈臺階狀。較之後世的大版築法，西山城址所見夯築法還處於較為原始的階段，但它在仰韶時代後期，顯然是開了版築城牆技術的先河，此後的城牆版築技術逐漸呈燎原之勢，成為最具東亞特色的一項建築工程上的發明。東亞大陸最早的以夯土處理地基的例項，則可上溯到仰韶文化初期河南靈寶底董遺址的方形房址。版築技術從小型房址開始，逐漸被用於更大的築城工程上來。

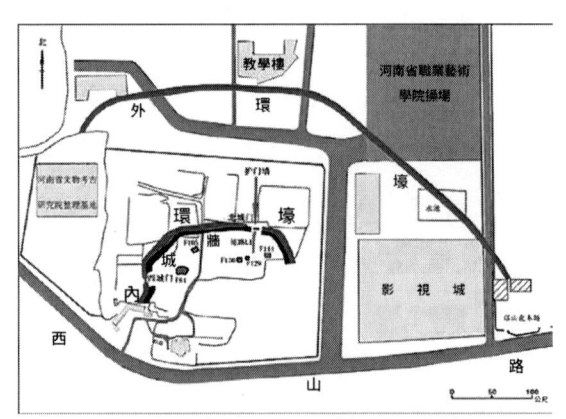

河南鄭州西山城址平面布局（張玉石等 2016）

河南鄭州西山城址西北隅城牆與外圍壕溝

四　邦國時代的城池

新石器時代末期
（龍山時代，約西元前 2800～前 1700 年）

四　邦國時代的城池

從圓形不規則，到方正規矩

　　縱觀東亞大陸從環壕聚落到垣壕聚落的發展歷程，可知圈圍設施的平面形制有一個從不規則到規則、從近圓形演變為（長）方形的軌跡。

　　如前所述，前仰韶時代至仰韶時代的 4,000 餘年，可稱為「環壕時代」。顧名思義，作為圈圍聚落的圍溝因地制宜，多呈環形，幾乎沒有例外。在長江中游地區，萌芽於仰韶時代前期甚至前仰韶時代的土圍（土壟），乃至後來最早的圍垣如湖南澧縣城頭山遺址，由於源自挖建環壕而挖出的土的堆積，因而也呈圓形。甚至仰韶時代後期最早出現於中原的夯土版築城邑——河南鄭州西山遺址，仍呈圓形。這又從一個側面顯現了環壕聚落與垣壕聚落的連貫性和不可分割性。

　　在垣壕聚落普遍出現的龍山時代，黃河中下游以外的區域也沒有觀察到由圓形轉為方形的跡象。總體上看，各地區的城牆建造都是因地制宜，是適應當地自然環境與社會環境的產物。如長江中下游多水鄉澤國，寬大的壕溝和城垣顯然具有行洪防澇的作用。而北方地區的石砌城址，則利用丘陵地帶近山多石的條件，壘石成垣。這類城址自然多為圓形和

> 從圓形不規則，到方正規矩

不規則形。長江上游成都平原的城址也係堆築而成，儘管也有形狀略顯方正者，但都是沿當地河流山勢走向，以接近45度角者居多。

眾所周知，後世中國古代城市的平面形制基本為（長）方形。有學者指出，方形幾乎是中國歷史上城市建設規劃上的一個根本思想或原則。但細審各地的情況可知，城址平面從圓演變為方的線索比較清楚的是中原地區。（趙輝等2002）

據最近的考古資料，山東日照堯王城大汶口文化晚期城址可確認的北垣和西垣有接近垂直的交角，復原起來的城址平面呈較有序的長方形。（梁中合2016）因僅有初步的田野工作的報導，具體資訊尚待進一步確認。如果確是如此，這就是年代最早的平面呈較有序矩形的城邑例項。然而，海岱地區龍山時代後期的城邑似乎沒有延續這一傳統，這一區域龍山時代的城址堆築與版築技術互見，雖平面形狀多近於有序，但真正規矩方正、秉承夯土版築技術的城址還是集中出自中原及左近地區，如河南新密古城寨（蔡全法等2018）、周口淮陽區平糧臺（北京大學等2022）等城址。

四　邦國時代的城池

河南新密古城寨城址衛星影像

　　方正的城圈，當然首先與平展的地勢和直線版築的工藝有關。但方向最大限度地接近正南正北，追求中規中矩的布局，顯然超出了防禦的實用範疇，而似乎具有了表達宇宙觀和顯現政治秩序的意味。由此可知，影響古代中國建築規劃與社會政治思想的方正規矩、建中立極的理念，至少可以上溯到4,000多年前的中原。而此後，方形幾乎成為中國歷史上城市建設規劃上的一個根本思想和原則。

> 從圓形不規則，到方正規矩

河南周口淮陽區平糧臺城址鳥瞰

　　從考古發現看來，新石器時代的城邑都是因地制宜的產物。從南到北，隨著地理環境的變化，城邑的形態也各不相同，大致可分為水城、土城和石城三種類型。

四　邦國時代的城池

邦國城池之南方篇 —— 水城

以長江中下游為主的江南水鄉水網密布，多見「水城」，這類城邑以壕為主，垣壕並重，開挖很深很寬的壕便於行船和行洪防水，多見水門，但這類城大多不能防人，可以看作處理人與自然關係的作品。

良渚文化古城

水城的典範是長江下游的浙江杭州良渚古城（浙江省所 2019A、B）。在達到史前時期社會文化發展巔峰，以高度發達的玉器著稱的良渚文化中，垣壕設施極為罕見，良渚古城是個特殊的存在。與長江中游地區屈家嶺 —— 石家河文化興建城邑的熱潮相比，同時期的良渚文化的創造者，幾乎可以稱為「不設防的人群」。

地處長江下游、以太湖為中心的滬寧杭地區，水網交織，湖泊眾多。肥沃的土壤、豐富的雨量和熱量資源為水稻等喜暖需水作物的栽培提供了優越的條件。

良渚文化的年代約為西元前 3300～前 2300 年，在主要分布區總面積約 1.8 萬平方公里的範圍內，共發現遺址 540

多處。良渚文化的大部分遺址都沿用很長時間，說明這一時期並沒有什麼大的事件造成聚落整體性變遷。這顯現了良渚文化社會的相對平和，也為良渚文化聚落缺乏防禦設施提供了一個註腳。

良渚文化主要分布區又可劃分為古城核心區、水利系統、祭壇墓地和外圍郊區等遺存區。由 11 條水壩構成的宏大的水利系統位於古城北部和西北部，主要修築於兩山之間的谷口位置。核心區面積為 8 平方公里，外圍有人工堆築、斷續相接的長條形高地。

良渚文化中唯一的一座大型垣壕聚落——良渚古城，城牆建造於良渚文化晚期。城址平面略呈圓角長方形，總面積近 300 萬平方公尺。城牆寬 20～150 公尺，高約 4 公尺，人工堆築，下面鋪有石塊。城牆內外側多有壕溝。共發現 8 座水門和 1 座陸城門。古城內外河道縱橫，構成發達的水路交通體系與臨水而居的居住模式。

寬達數十公尺至百餘公尺的城牆上及近旁發現房址、水井、灰坑、排水溝等，城牆外側有逐漸往外斜向堆積的生活堆積層。這表明城牆具有居高避水的居住功能。此外，眾多的水門、陸門等缺口的存在，似乎暗喻著城牆的區隔功能遠大於防禦功能。在各個方向的城牆上幾乎都能看到莫角山土臺，城牆又可能兼具「觀禮臺」的作用。對良渚古城不同於其他區域城址的特殊性，應該給予充分的關注。

四　邦國時代的城池

浙江杭州良渚古城核心區（浙江省所 2019B）

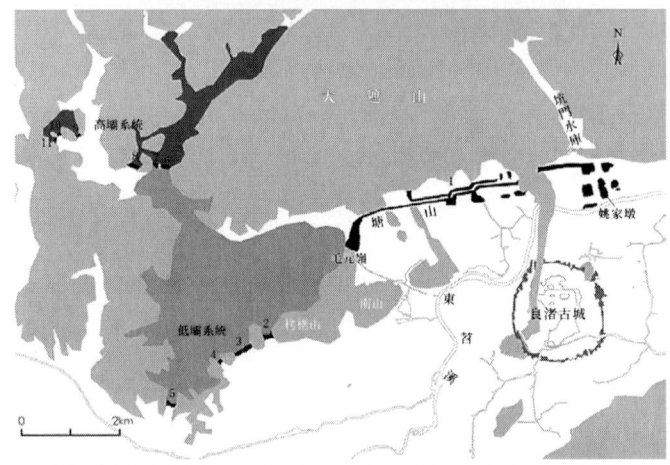

浙江杭州良渚古城外圍水利系統（浙江省所 2019B）

莫角山土臺位於城內正中心，是一處利用自然地勢、部分人工營建的長方形覆斗狀土臺，高 9～15 公尺，面積近

30 萬平方公尺。這一大型土臺,可能是用於祭祀活動的大型禮儀性建築。土臺以西分布著反山等貴族墓地。良渚古城外圍發現有瑤山、匯觀山等祭壇遺址,廢棄後成為重要的貴族墓地。核心區之外還分布有 100 餘處規格不同的良渚文化遺址,組成特大遺址群,應是更大範圍內的一個中心。

良渚遺址大莫角山高臺建築復原

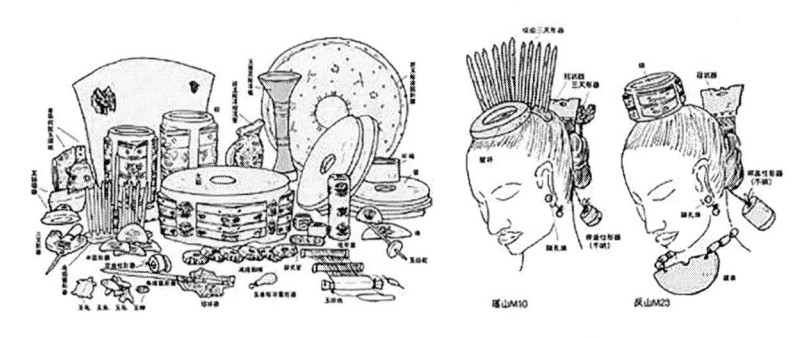

良渚貴族墓以玉器為主的隨葬品組合及裝飾方式(方向明繪)

四　邦國時代的城池

屈家嶺 —— 石家河文化古城

　　長江中游的腹心地帶，以江漢平原和洞庭湖平原為中心。這一區域山地、丘陵、平原、盆地等地形相間分布，平原上河流縱橫，湖泊密布，土壤天然肥力較高，大部分地區適於稻作農業發展。從屈家嶺 —— 石家河文化聚落的分布上看，以從山地向平原過渡的交界地帶遺址較多。有學者估計屈家嶺 —— 石家河文化時期的遺址數量各自可達近千處。這應是相當保守的估計。最令人矚目的是，包含大型中心聚落的垣壕聚落和環壕聚落相對集中出現於上述遺址群分布的區域，數量近 30 處，其中不乏面積在 10 萬平方公尺以上的大型遺址。大部分城址興建於屈家嶺文化時期，並延續使用至石家河文化階段，約當西元前 2800～前 2100 年之間。（湖北省所 2015，郭偉民 2022）

　　進入屈家嶺文化時期，位於漢東地區（漢水以東、長江以北區域）的湖北天門石家河區域，開始形成分布範圍達 6 平方公里的聚落群。石家河文化時期，石家河大城及其周圍形成了更大的聚落群，遺址分布十分密集，總面積約 8 平方公里。（方勤等 2021）

邦國城池之南方篇—水城

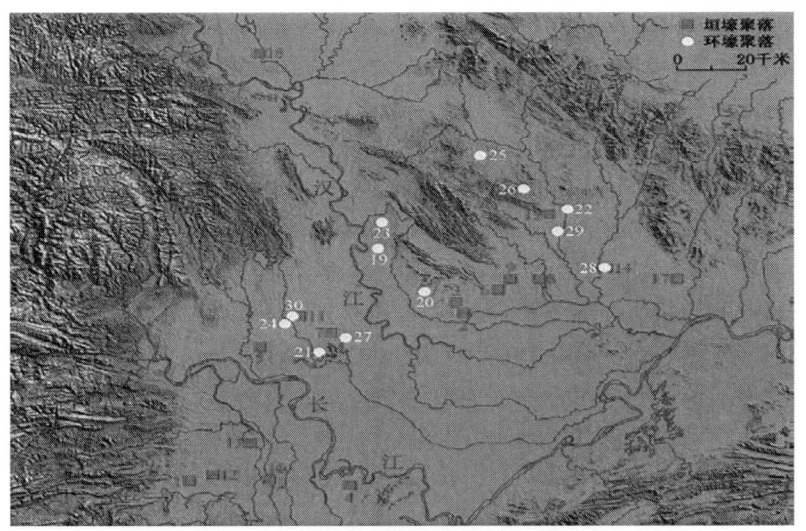

長江中游屈家嶺 —— 石家河文化時期城邑分布（據考古所等 2019 改繪）
1. 城頭山 2. 龍嘴城 3. 石家河 4. 走馬嶺 5. 陰湘城 6. 笑城
7. 城河 8. 門板灣 9. 陶家湖 10. 青河城 11. 馬家垸（院） 12. 雞叫城
13. 雞鳴城 14. 葉家廟 15. 王古溜 16. 鳳凰咀 17. 張西灣 18. 土城 19. 邊畈
20. 屈家嶺 21. 葉家灣 22. 餘家崗 23. 寨子山 24. 光華 25. 黃土崗
26. 金雞嶺 27. 荊家城 28. 楊家嘴 29. 晒書樓 30. 黃家古城（？）

石家河城址坐落於遺址群中心部的東、西兩條河之間，呈不規則長方形，由堆築城垣和外壕組成。環壕圍起的面積達 180 萬平方公尺，城垣內可使用的面積在 120 萬平方公尺左右。城址東、南城垣之間存在的一段寬約 75 公尺的缺口，應屬人為設定的進出城址的通道。或許像有的學者推斷的那樣，因為那裡需要過水，可能是用柵欄或籬笆一類的障礙物代替城垣發揮防護作用。初步估算環壕的出土量當在 50 萬立方公尺以上，而堆築城垣本身就要 1,000 人工作 10 年才能完

071

四 邦國時代的城池

成，同時還要有 2 萬～4 萬的人口才能供養這 1,000 人。

城內分別發現有應屬建築遺存的大面積紅燒土堆積、墓地及集中出土陶塑、紅陶杯的地點，顯然已有建築居住區、墓葬區及祭祀活動區等區分不同功能區的規劃。城址中部一帶居住區面積廣大，房址分布密集；城址內西南部有以燒製紅陶杯為主的專業窯場；城外西部的印信臺揭露出 5 座人工堆築的臺基，應該屬於多次進行祭祀活動的特殊場所。

湖北天門石家河遺址核心區的城壕布局（孟華平 2019）

城外四周分布著 20 餘處聚落點，多位於大小臺地上，有的還成群分布，可知城外也有成片的居民區。像石家河這樣的特大型聚落群體半徑可達 10 公里，稍小一些的聚落領地半徑在 7～8 公里，再小一些的則在 2 公里左右。

從考古發現的情況看，長江中游的屈家嶺——石家河文化的上述城址的城牆都是平地起建，不挖基槽，都採用堆築法，不見版築的痕跡。這種構築法應該主要與當地的土質有關。長江中游地處暖溫帶，在地質學上屬於中等風化區，土質硬，黏度大，與北方較為鬆散的土質不同，容易凝結。與此相應，這種建築技術顯現出了較強的地方特色。

這些城址以壕為主，牆垣與環壕並重，環壕在其防禦設施中仍發揮主要作用。遺址大多利用自然河道輔之以人工挖掘的壕溝構成防護圈，這些壕溝一般較寬，除防禦外，大概還兼具運輸和排洪的作用。相比之下，城牆則都是平地堆築而成，僅經過簡單夯打，剖面多呈拱形，坡度較緩，例如石家河城址的牆體坡度僅 25 度左右。這樣的城牆如果不與環壕配套使用，是很難產生有效的防禦作用的。實際上這些城垣應只是挖壕時對排出土做一定的處理所致。在石家河城址的城防工程中，真正完全閉合而發揮防禦作用的僅有環壕，環壕外側散布著的一系列人工堆積而成的土臺土崗，上面很少有人類生活遺存，顯然是開挖壕溝時堆土而成。因此，這種以壕為主、垣壕並重的建築風格一方面是因地制宜的產物，同時可以看作古代東亞大陸從環壕聚落到真正的垣壕城邑轉變過程中的一種中間形態，在建築技術上還不很完善。有學者甚至認為這些城址的功能就是防洪。

四　邦國時代的城池

湖北天門石家河城址西城牆及環壕，牆緩壕寬

邦國城池之黃淮篇 —— 土城

黃淮流域的城邑，在龍山時代後期明顯可分為中原地區和海岱地區兩個組群。其中中原地區指黃河中游及淮河的最大支流潁河上游區域。這一地處黃土地帶的區域盛行夯土築城，這裡最早發明了版築技術，進入龍山時代後期，一批「土城」被集中興建起來。

陶寺文化古城

這些「土城」的典型代表，是屬於晉南地區陶寺文化的山西襄汾陶寺遺址。（何努 2022）

依目前的了解，陶寺文化的年代約西元前 2300～前 1900 年之間。存在了大約 400 年的陶寺文化，又被分為早期、中期和晚期三個階段，這一文化的大型中心聚落陶寺遺址的聚落形態，隨著時間的推移也有重要的變化。

陶寺遺址坐落於崇山向汾河谷地過渡的黃土塬上，遺址西北面向臨汾盆地，呈大緩坡斜下，東北側的南河應是古河道。遺址總面積可達 430 萬平方公尺，而圈圍面積達 280 萬平方公尺的大城興建於陶寺文化中期。

四　邦國時代的城池

　　目前可以確認的陶寺文化早期的圈圍設施，是面積近 13 萬平方公尺的「宮城」（發掘者認為是城牆基槽，不排除環壕的可能性），以及其近旁零星的夯土牆遺存。在它們的南方，還發現了面積達 4 萬平方公尺的大型墓地，使用時間與居址相始終。已挖掘的 1,300 餘座墓葬中，近 90% 是僅能容身、空無一物的小墓，近 10% 的墓隨葬幾件乃至一二十件器物，不足 1% 的陶寺文化早期大墓各有隨葬品一二百件，有彩繪陶、木器、玉或石製禮器和裝飾品以及整副豬骨架等，應是當時「金字塔」式社會結構的反映。

山西襄汾陶寺遺址全景

　　到了陶寺文化中期，「宮城」西北可能新挖建了排水渠，圈圍起「宮城」和大型墓地等遺存的大城得以興建。城的南部還發現了圈圍起同時期大墓等遺存的小城。陶寺遺址成為黃河中游一帶最大的中心城邑，一般認為具有都邑的地位。

邦國城池之黃淮篇—土城

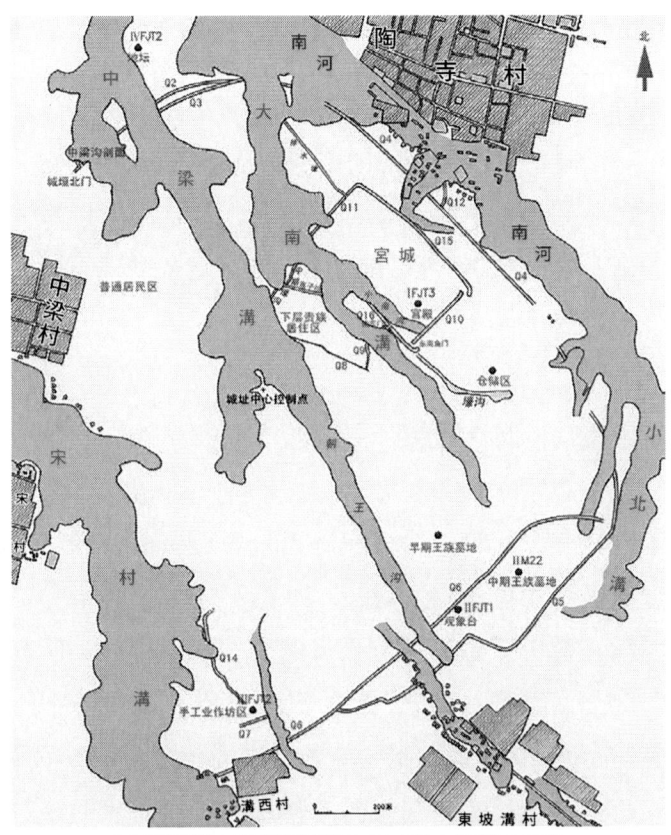

山西襄汾陶寺城址聚落布局（考古所等 2018）

　　考古調查表明，陶寺文化聚落的分布，主要限於陶寺都邑所在的臨汾盆地。盆地位於汾河下游，迄今已發現百處以上同時期的遺址。從面積和內涵上看，遺址可以分成不同的等級，形成以陶寺都邑為中心的多層次的聚落群。

四　邦國時代的城池

豫中及左近諸文化古城

在太行山東南麓的黃河兩岸至穎河上游一帶，仰韶時代後期至龍山時代各地城邑紛紛出現，已發現有 10 餘處。此時恰值已產生嚴重的貧富分化和社會分化、征服與掠奪性戰爭頻起的新石器時代晚期至末期，城防設施多是戰爭衝突和社會分化的產物。其中，屬於豫西、豫中地區王灣三期文化的城邑最多。

嵩山東南的豫中地區，共發現 300 餘處龍山文化遺址。其中錯落分布著 20 餘處大、中型聚落，應是各小區域的中心聚落。這些中心聚落中又有 6 處是垣壕聚落或環壕聚落。每個聚落群都由面積在 10 萬～ 20 萬平方公尺的中心聚落和若干面積在數千至數萬平方公尺的小型聚落組成。所有中心聚落都位於河流附近，彼此之間的距離在 20 ～ 60 公里之間，平均距離 40 公里，平均控制區域面積達 1,200 多平方公里。聚落群之間往往有遺址分布稀疏的地帶，表明這些共存的政治實體似乎有一定的疆域限制。大致等距分布的中心聚落和防禦性設施的存在，顯示這些政治實體具有分散性和競爭性。

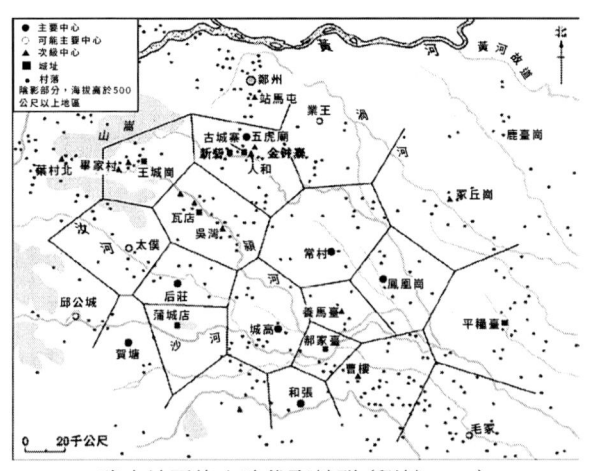

豫中地區龍山時代聚落群（劉莉 2007）

推測這些城址的主要存在時間集中在西元前 2100～前 2000 年前後。而對這些城邑大體同時出現的歷史背景的解釋是，為了抵禦來自其他集團尤其是東夷集團的侵襲，正在崛起的華夏集團的東部一帶一定區域內的中心聚落或重要聚落築城自衛，於是這些城邑應運而生。

總體上看，中原及其鄰近地區的這些城址均為夯土城垣，一般坐落於平原地區的近河臺地上，地勢都較周圍略高。平面形狀雖不盡相同，但基本上都近（長）方形。城垣的構築一般採用堆築法，平地起建或挖有基槽，個別城址已使用版築法。城內都存在有較豐厚的同時期文化堆積。城址面積從 3 萬平方公尺到 30 餘萬平方公尺不等。考古學文化譜系的研究顯示，這些聚落群分別擁有不同的文化背景和傳統，

四　邦國時代的城池

而大量的殺殉現象、武器的增多和一系列城址的發現又表明它們之間存在著緊張的關係，衝突頻繁地發生。

大汶口 —— 龍山文化古城

位於黃淮流域下游、華北平原東部的今山東省及其鄰境地區，以其獨特的地貌特徵構成了一個相對獨立的地理單元。這一地區西部以廣袤平坦的魯西、豫東平原與中原相接，向中原地區呈開放之勢，這無疑便利了其與中原地區間以包括戰爭在內的不同方式的雙向交流。繼大汶口文化之後，海岱龍山文化時期，這兩大地區群團間持續的相互交往與同步競爭發展，奠定了黃河中下游地區的某些族群率先向國家和文明社會轉化的基礎。

繼大汶口文化晚期該區偏南地域出現環壕和垣壕聚落後，進入龍山文化時期，城址在較廣大的範圍內都有發現。總體上看，海岱地區的城址形狀多數不甚有序，均為平地起建，垣壕相連，由於築城技術以堆築為主，城垣一般並不高大，要靠垣壕結合才能發揮防禦作用。大多數城址存在 2 至 3 層圈圍設施，基本上為先後關係，反映了城址持續擴大的事實。這些城址大都有圍繞自身的聚落群，均屬於聚落群內的中心。臨近中原的城址如山東陽穀景陽岡、滕州莊里西，江蘇連雲港藤花落等存在方塊版築城垣的技術，應該就是與

中原地區交流的結果。而與中原相比,城址延續使用時間較長。海岱地區包括龍山城址在內的整個社會的成長得益於持續的較穩定的社會環境。這構成了海岱地區龍山文化城址的一個重要特色。(孫波 2020,欒豐實 2022)

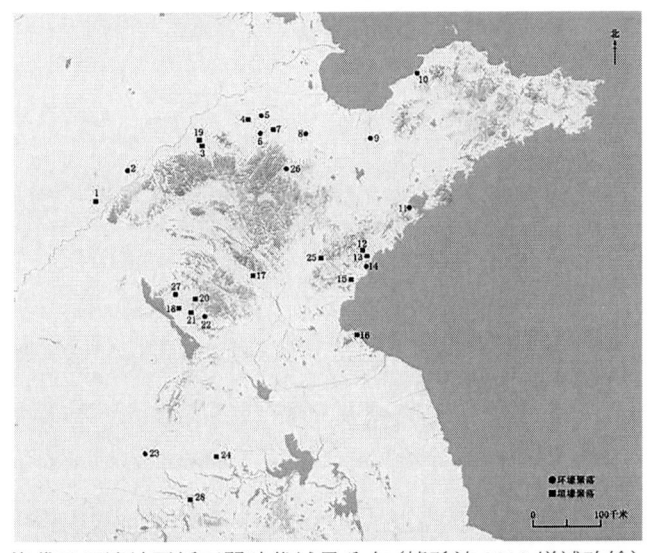

海岱及周邊地區新石器時代城邑分布(據孫波 2010 增補改繪)
1. 景陽岡 2. 教場鋪 3. 城子崖 4. 丁公 5. 李寨 6. 後埠 7. 桐林 8. 邊線王
9. 逢家莊 10. 老店 11. 南營 12. 丹土 13. 兩城鎮 14. 蘇家村 15. 堯王城
16. 藤花落 17. 防城 18. 莊里西 19. 焦家 20. 崗上 21. 西康留 22. 建新
23. 尉遲寺 24. 垓下 25. 薄板臺 26. 西朱封 27. 西孟莊 28. 禹會村

四　邦國時代的城池

山東鄒平丁公遺址出土龍山文化陶文

　　在上述城邑中，五蓮丹土遺址曾出土過玉鉞、玉璧、玉戚等多種玉質禮器，代表了龍山文化製玉的最高水準；其他城址裡也有若干高等級遺存發現。鄒平丁公城址內所發現的陶文達 11 字，一般認為其已超出了簡單的標識功能，應是一件完整的文書。（許宏 2021）陽穀景陽岡城址內出土刻文陶片的刻文殘存 3 組，係表述某種訊息的文字的可能性較大。而陶文出土於面積較大的城址之內的事實，對於了解這些城址的社會意義是大有裨益的。整體上看，城址的出現，代表著聚落結構的層次增多，中心聚落的作用得到強化，其統轄和管理的功能日益突顯，由此表明社會的複雜化程度進一步加深。

邦國城池之北方篇 —— 石城

從中原再向北的晉陝高原至河套地帶，地表多見裸露的岩石，原始先民就地取材，以石砌牆，形成「石城」。

阿善 —— 老虎山文化古城

進入龍山時代，氣候開始逐漸變冷，對中原以北地區的史前文化產生了極大的影響。陰山以南至南流黃河兩岸的河套一帶至陝北地區，在此期逐步形成了一個相對獨立的文化圈。兩種獨具特色的文化遺存先後形成，一是河套附近地區的阿善文化，年代跨越仰韶時代到龍山時代前期，陝北地區同期也有類似的文化遺存；二是內蒙古中南部從岱海、黃旗海到河套地區的老虎山文化，年代相當於龍山時代前後期之交（絕對年代或可上溯至西元前 2500 年）。（韓建業 2003，戴嚮明 2016）

屬於阿善文化的石城址可分為相對集中的兩群，一是河套東部大青山南麓，一是南流黃河兩岸。總體上看，這類城址的城垣一般係採用天然石塊錯縫疊砌而成，或以黃土築成而外包石塊，石塊間再填充碎石塊或黃泥以加固，牆寬 1～5 公尺，

四　邦國時代的城池

其築法與現代農村壘砌普通石牆相差無幾。可以認為築城工程所需勞動量完全可以由該聚落內的居民自己承擔。大部分城址是用石牆將整個遺址全部圈起，也可以說明城垣是出於保衛該聚落全體居民的安全而興建的公益性工程。同時，該區域圍以石牆的遺址較為普遍，成串密集分布，彼此間雖有規模上的差別（從不足1萬平方公尺到10餘萬平方公尺，較大者如內蒙古涼城老虎山城址等可能是一定範圍內的中心聚落），但內涵上大致相同，無嚴重的貧富和社會分化現象。可以認為，這些石城址屬設防聚落群，是集團間征戰的產物。

這類山地性石城址分布在不便於生產生活的險峻地帶，帶有濃厚防禦色彩，多被認為是由於氣候趨於乾冷、環境惡化、資源緊缺、生存壓力加劇，進而導致社會群體間緊張關係加劇的產物。

石峁文化古城

到了龍山時代後期，老虎山文化為石峁文化（約西元前2300～前1800年）（孫周勇等2020A）所替代，其分布範圍包括陝北、晉中北和冀西北在內的北方地區的大部。總體上看，以石城址為代表的這類文化遺存的重心有逐漸南移的趨勢：偏北的內蒙古中南部定居農耕文化聚落群消失，農業文化南退到了鄂爾多斯及陝北地區，這一帶聚落遺址的數量有明顯的增多。

邦國城池之北方篇—石城

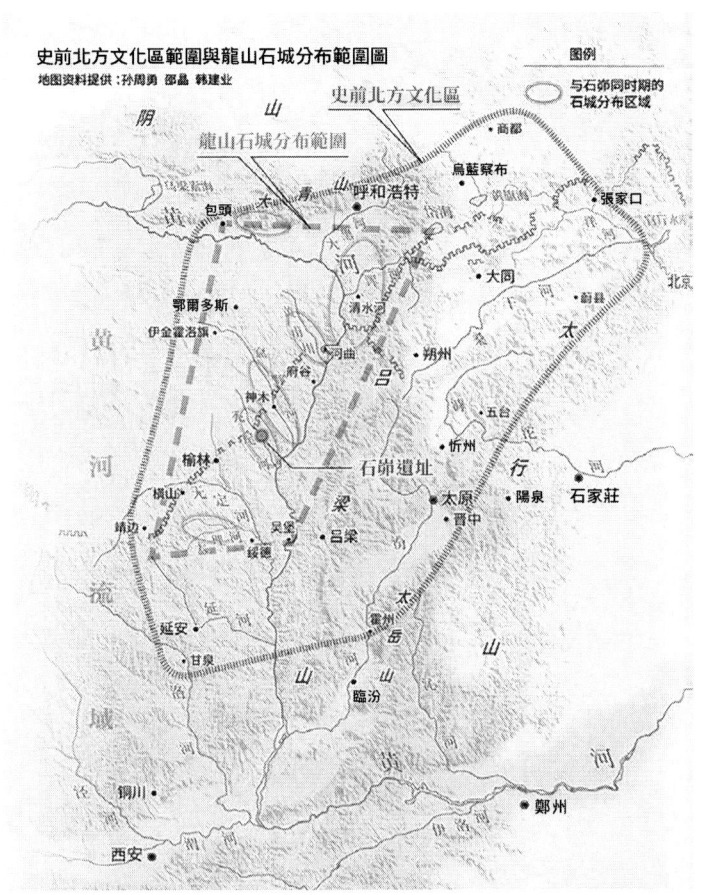

史前北方文化區與龍山時代石城的分布（《中國國家地理》2017 年第 10 期）

　　目前，見諸報導的晉陝高原的石城址已有數十處。進入龍山時代後期晚段，這一地區聚落形態上最令人矚目的是陝西神木石峁大型城址的出現。（陝西省院 2016）神木縣地處黃土高原與毛烏素沙漠過渡地帶，石峁遺址位於黃河一級支

四　邦國時代的城池

流禿尾河畔的黃土梁峁和剝蝕山丘上，地表溝壑縱橫，支離破碎，海拔 1,100～1,300 公尺。石峁遺址早年即以出土大量玉器而著稱。

由外城、內城和其內的「皇城臺」組成的大型壘石城址，總面積逾 400 萬平方公尺。「皇城臺」是四周以石塊包砌成階狀護坡的臺城，大致呈圓角方形，臺頂面積 8 萬餘平方公尺。內城以「皇城臺」為中心，沿山勢砌築石牆，大致呈東北——西南向的不規則橢圓形。外城則依託內城東南部的牆體，向東南方向擴築出一道不規則的弧形石牆，構成又一相對獨立的區域。城牆多處跨越溝壑，形成相對封閉的空間。內城和外城的城內面積分別為 210 餘萬平方公尺和 190 餘萬平方公尺。

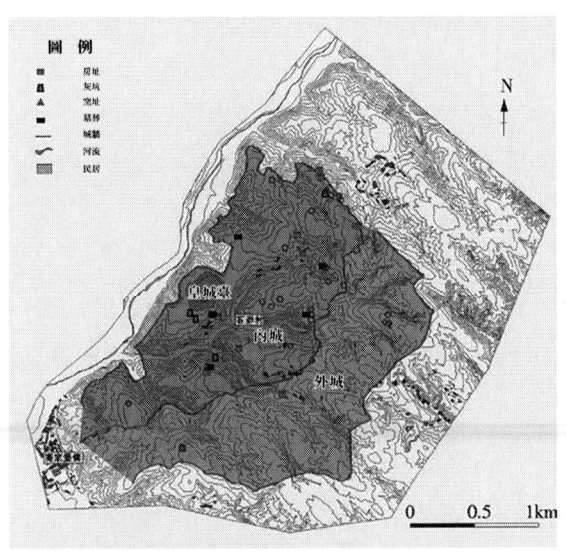

陝西神木石峁遺址平面布局（孫周勇等 2020B）

邦國城池之北方篇—石城

陝西神木石峁遺址外城東牆與城門

石峁遺址「皇城臺」全景

石峁遺址「皇城臺」砌於護牆上的石雕（山西博物院 2020）

四　邦國時代的城池

　　「皇城臺」和內、外城的城牆上均發現了城門及墩臺、甕城類附屬建築,「皇城臺」東門址發現有廣場。外城城牆上還發現了疑似「馬面」、角樓等設施,顯現出較強的防禦色彩。

　　已挖掘的外城東北部的門址位於遺址內最高處,地勢開闊,位置險要。整個門址由「外甕城」、兩座包石夯土墩臺、曲尺形「內甕城」和「門塾」等部分組成。城牆範圍內發現有多處集中分布的居住區、陶窯和墓葬區,遺物幾乎全屬龍山時代晚期和二里頭文化時期。從城牆的層位關係和出土遺物可確認城址始建於龍山時代中期或略晚,毀棄於二里頭文化時期。這是一處超大型的中心聚落,在北方文化圈中應占有核心地位。

　　與神木石峁大體同時的大中型石城,還見於黃河東岸的山西興縣碧村(約西元前 2000～前 1700 年)。碧村遺址地處黃河與蔚汾河的交會處,總面積約 75 萬平方公尺。近年的考古工作確認,該遺址是一處具有內外雙重城牆的石城聚落,在其核心區小玉梁地點發現了以大型五連間房址為核心的石砌建築群,在距其 1 公里的城牆圪堆地點發現大型城門和城牆。城門形制有序,結構嚴密,防禦特徵突出。遺址範圍內也曾出土大量玉器,表明該石城址應是一處中心聚落。(張光輝等 2021)

邦國城池之北方篇—石城

山西興縣碧村石城址遠景

　　這一區域係氣候變化的敏感地帶，也是先秦時期農業和畜牧各種類型文化頻繁接觸交錯分布的地帶。這一早期石城址分布的區域，與後世的長城有極大的重合度，有學者稱其為「前長城地帶」。

四　邦國時代的城池

# 五　城市、國家與文明

五　城市、國家與文明

語源同胎，一體三面

由上面的敘述可知，城邑的發展與社會複雜化密切相關，對於城邑與城市、文明、國家的關係，有必要做初步的闡釋。

「文明」一詞，是英語 civilization 的譯語。而該英文詞的語源，則是拉丁語 civilisatio，意為「城市化」。Civilisatio 與 civitas（城邦、國家）一樣，又都是由拉丁語 civis（市民）衍生出來的。因此，文明（civilization）的原意就與城市和國家有關，三者間的關係由此可見一斑。

關於國家與文明形成的考古學探索，屬於社會考古學的範疇，而社會考古學的最重要的支柱則是聚落形態研究。在人類農耕聚落形態演進的過程中，從均質的村落一種形態孕育出城市和村落二元結構，是一場具有劃時代意義的變革。

我們認為，文明、國家和城市這三個在含義上有密切關聯的概念，是從不同的角度對同一歷史現象所做的解釋。著名考古學家、哈佛大學教授張光直指出：「國家、文明和城市化不僅從一開始就同時出現，而且在任何情況下，它們相互影響，從而導致了它們的出現⋯⋯貧富分化、城市化和國家

關係是文明的三個必要的社會決定因素。」可以說，文明，是人類歷史發展的一個高級階段，是階層分化、國家產生之後的人類文化的存在方式。而國家，是文明時代特有的社會組織形式，存在有強制性的統治與管理機構（權力中心）的社會。城市，則是文明時代特有的、與國家相應的高級聚落形態，是國家的物化形式。

世界各區域早期文明史研究顯示，從農業文化中誕生的第一批城市，無一例外都是權力中心，或可稱為「王權城市」（伊東俊太郎 1988）或都邑。中國的情形更是如此，「政治性城市」是貫穿整個古代史的主流城市形態。如果用一句話來概括，早期城市（都邑）就是人口相對集中、居民身分複雜的國家權力中心，且在單純的工商業城市出現前，它是唯一的形式。城市的政治、軍事職能一直占主導地位，經濟職能則不斷增強，這是貫穿先秦城市發展過程的一條主線。完全脫離了政治軍事中心的、單純的工商業都市在先秦乃至秦漢時代尚未出現。有學者認為，以商業為主體的城市要晚到宋代以後才興起，中國古代城市尤其是早期城市具有濃厚的政治中心的色彩，是「政治領域中的工具」。作為國家權力中心的都城，當然是這類城市的重中之重。因此，先秦城市在不同時期的變化，主要取決於社會組織乃至國家形態的變化。

需要指出的是，在中國，絕大多數學者認同把「文明（civilization）」做狹義的理解和掌握，指的是人類社會的進步

五　城市、國家與文明

狀態。進而，多數學者贊同恩格斯「國家是文明社會的概括」的論斷，把國家的出現作為文明社會到來的主要指標。上面我們所說的文明，都是這種狹義的「文明」。

但關於文明的定義，在全球學術界還是個極具爭議的話題，幾乎可以說，有一百位學者就有一百種關於文明的定義。總體上看，關於文明，最廣義的定義就是把它看作文化（culture）的代名詞，即，只要人類誕生並有了文化，也就有了文明。在這一語境下，文明被分為不同的發展階段或樣式，如狩獵採集文明、農耕文明、青銅文明、國家文明、工業文明、資訊文明、智慧文明等等。介於人類出現和國家出現這兩個最廣義和最狹義之間，還有將文明的上限定在用火、藝術或農業的起源等提法。這都是正常的學術討論和認知。只要邏輯自洽，這些林林總總的提法和主張都是可以成立的。

人類的進化過程，也就是不斷文明化的過程

從遺存尋城市，從城市尋國家

著名考古學家、英國劍橋大學教授科林‧倫福儒（Andrew Colin Renfrew）指出：「早期國家社會一般表現為特有的都市聚落形態，其中城市是最重要的部分。」（Colin Renfrew et al. 2020，中文版見，科林‧倫福儒等 2022）從這個意義上講，城市（都邑）是早期國家最具代表性的物化形式。如果可以透過聚落的層級來確認國家的存在的話，那麼我們能夠看到的一個現象是，較低的聚落層級即一般村落在國家社會之前早已存在，直至今日仍是構成當代中國社會的最重要的要素。秦漢以後，中國定居農耕村落的結構與內涵並沒有本質的變化。人類社會在進入社會複雜化或文明化階段，真正可以作為每個時代社會與文化發展指標的，都只能是居於當時社會結構的金字塔塔尖的高級聚落形態——中心聚落或城市（都邑）。

辨識、論證城市（都邑）這種高級聚落形態的出現，又需要對其中諸多與社會複雜化相關的考古學現象也即文明的物化表現等進行深入的分析與探究。這些文明的物化表現包括遺跡，如大型建築以及城壕類工程、大型墓葬墓地、各類手工業作坊，遺物如各類以稀缺資源為原料製成的禮儀用品和

五　城市、國家與文明

奢侈品，以及遺物上的文字刻符和紋樣母題。所有這些考古學現象構成城市（都邑）的內涵。透過對它們的辯證分析，可以討論城市（都邑）這種特殊聚落形態的存否，而以城市（都邑）的出現為切入點，才可能對當時的社會狀況有總體的掌握，探討國家與文明形成的實態。

良渚古城莫角山土臺營建場景復原

容易理解的是，作為一種特殊的聚落形態，城市並不具有與青銅器、文字、禮儀建築、大型墓葬等考古學現象相同的屬性，它是一個抽象的集合體而非具體的遺跡或遺物。城市是個大容器，而不是具體的「物」，是我們推論而來的，而非直接以視覺和觸覺感知到的。因此，它與具體的遺跡和遺物，並不屬同類項，也就不能作為文明的「代表」、「因素」或者物化表現而與相關的遺跡和遺物相提並論；反之則存在論證上的邏輯問題。當下，學術界也正在摒棄所謂「博物館清單」式的文明觀。

同時，城市（都邑）又是具體的。「具體」在它是各種所謂的文明要素或其物化表現的總成與集合體。不能想像這些物化表現零星出現於一般村落而可以證明文明社會的存在和文明時代的到來。誠如著名考古學家徐蘋芳教授指出的那樣，「文明要素，可以先後出現在各個地區的不同的文化中，但是，一個文明社會的產生卻必須是諸文明要素出現在一個文化裡。更具體點說，就是諸文明要素出現在一個地點一個遺址裡面，這是最清楚不過的文明社會的產生」（白雲翔等 1989）。換言之，「只有文明諸重要社會因素的物化表現在同一時間段、同一地理區域內均以較高的發展水準匯聚為一體，從考古學的角度而言即體現於同一種考古學文化的同一時段中，說該社會已進入文明階段的理由才比較充足。」（朱鳳瀚 2001）而集中了文明諸重要社會因素的物化表現的聚落，就是城市（都邑）。有鑑於此，我們認為城市的出現與國家和文明社會的出現是同步的。

五　城市、國家與文明

城市產生及初步發展軌跡

　　這裡我們對前面的梳理做個小結。考古學揭示出的西元前六七千年新石器時代中期以來的東亞大陸展現了這樣的圖景：約當西元前 4000 年及以前，廣袤的東亞大陸上的史前人群，還都居住在不大的聚落中，以原始農業和漁獵為主，過著大體平等、自給自足的生活。最初的環壕城邑即出現於此時。各區域文化獨立發展，同時又顯現出一定的跨地域的共性。從聚落形態的發展演變上看，以仰韶文化前期聚落為代表的東亞大陸新石器時代發達的聚落形態，是原始農業與定居生活方式發展的必然結果。它具有凝聚性、內向性和封閉性的特點，就聚落間的關係而言處於基本平等的狀態。

　　西元前 3500～前 1700 年間，也就是考古學上的仰韶時代後期至龍山時代，被稱為東亞「大兩河流域」的黃河流域和長江流域的許多地區，進入了一個發生著深刻的社會變革的時期。隨著人口的增長，這一時期開始出現了階層分化和社會複雜化現象，區域之間的文化交流和摩擦衝突都日趨頻繁。許多前所未見的文化現象集中出現，聚落形態上發生著根本的變化。如大型中心聚落及以其為核心形成的一個個大遺址，圍垣與環壕、大型夯土臺基和殿堂建築、大型祭壇、

城市產生及初步發展軌跡

大型墓葬等耗工費時的工程，墓葬規模和隨葬品數量、品質上所反映出的社會層級的巨大差別等等，都十分令人矚目。大量的考古學資料表明，這一時期，生產的進一步發展導致社會的初步分裂，貧富的分化、貴族和平民的分化以及聚落之間的分化日益加劇，平等一體的原始共產制社會日益走向衰落。同時，這一時期又是各個考古學文化所代表的人類共同體之間大動盪、大分化、大改組時期，眾多相對獨立的部族或邦國並存且相互競爭，在文化面貌上各具特色，異彩紛呈。

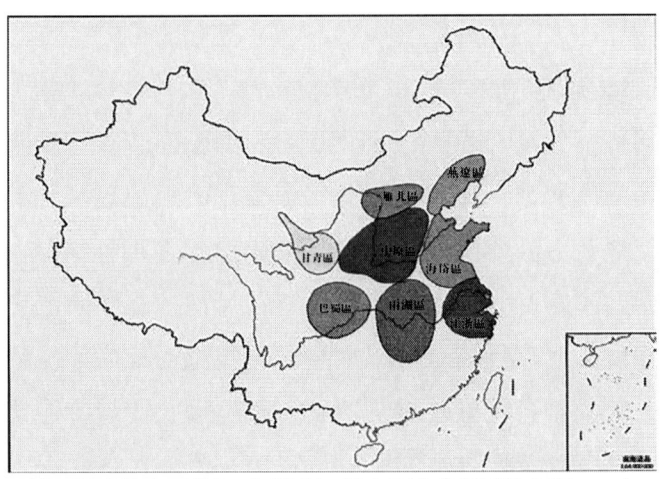

新石器時代東亞「大兩河流域」的主要文化區（嚴文明 1987）

五　城市、國家與文明

龍山時代後期城邑林立（《中國國家地理》2017 年第 10 期）

到了西元前 2300～前 1700 年間的龍山時代後期階段，上述各區應已是邦國都邑林立，但文化發展出現了更大的不平衡。隨著中原龍山文化和海岱龍山文化在相互交流、相互競爭中的不斷壯大，各周邊地區富有濃厚宗教色彩的史前文化或初期文明盛極而衰。以大型都邑為核心的中原王朝文明正是在吸收了各地豐富的文明因素的基礎上，以中原文化為依託最終得以崛起的。

現在，我們知道作為圈圍聚落的城邑出現於社會複雜化之前，環壕與圍垣的有無，並不構成城市、國家出現的前提條件。但仰韶時代後期至龍山時代各地城邑大量出現，恰是

已經產生嚴重的貧富分化和社會分化、征服與掠奪性戰爭頻起的新石器時代晚期至末期，城防設施多是戰爭衝突和社會分化的產物。伴隨著嚴重的社會分化而出現的、彙集諸種代表當時社會經濟文化發展最高水準的文明要素於一處的一些城邑，應已步入初期城市的行列。它們的出現，象徵著城鄉差別的產生、國家的形成和文明時代的到來。

五　城市、國家與文明

六　青銅王都的特質

青銅時代早期、夏商西周時代
（約西元前 1700～前 1000 年）

六　青銅王都的特質

中原中心的出現

　　前面我們講了新石器時代晚末期的城邑，大家知道那是一個滿天星斗的無中心多元的時代。最初的城市——都邑興起於各地，水城、土城、石城爭奇鬥豔，各具特色。它們都屬於分布於東亞「大盆地」、以東亞「大兩河流域」為中心的鬆散的早期中國互動圈，但還沒有哪個區域性的政體可以代表「中國」。總體上看，那時還屬於「前中國時代」。下面，我們就開始進入一個開創中國歷史新紀元的板塊——青銅時代的板塊，早期王朝（夏、商、西周）的板塊和中原中心的板塊。還有一個新的概念，就是「大都無城」的板塊。

　　按古代文獻的說法，夏王朝是中國最早的王朝，是破壞了原始民主制的世襲「家天下」的開端。一般認為，夏王朝始建於西元前 21 世紀，科學研究專案「夏商周斷代工程」，把夏王朝建立的年代定為西元前 2070 年左右。（專家組 2022）如前所述，在考古學上，那時仍屬於龍山時代後期，中原地區仍然處於邦國林立、戰亂頻仍的時代，各人類群團不相統屬，築城以自守，外來文化因素明顯。顯然，「逐鹿中原」的戰爭正處於白熱化的階段，看不出跨地域的社會整合的跡

中原中心的出現

象。也就是說，至少在所謂的夏王朝前期，考古學上看不到與古典文獻相對應的「王朝氣象」。

考古學能夠觀察到的現象是，隨著興盛一時的中原周邊地區的各支考古學文化先後走向衰落，到了西元前1800年前後，中原龍山文化系統的城址和大型中心聚落也紛紛退出歷史舞臺。代之而起的是，地處中原腹地嵩（山）洛（陽）地區的二里頭文化在極短的時間內吸收了各區域的文明因素，以中原文化為依託最終崛起。二里頭文化的分布範圍首次突破了地理單元的制約，幾乎遍布於整個黃河中游地區。二里頭文化的因素向四周圍擴散的範圍更遠大於此。這是東亞大陸最早出現的「核心文化」。二里頭文化、二里崗文化、殷墟文化和西周文化這一系列自身高度發達又向外施加影響的核心文化所代表的社會組織，從狹義史學上看可大體與夏、商和西周各個早期王朝對應（但二里頭文化和二里崗文化因尚處於「原史時代」而無法具體指認），就考古學觀察到的社會現象而言，或可稱為「廣域王權國家」。

可以說，延續千年左右的二里頭——西周時代，是東亞大陸歷史上第一次大加速的時代，它在聚落形態上也有頗為鮮明的表現：遺址數量減少，設防城邑減少，人口集中於都邑及其周邊，開始出現不設防的中心都邑。中國古代城邑發展史上的一個新的階段——「大都無城」的時代即肇始

六　青銅王都的特質

並興盛於這一時期。總體上看,廣域王權國家時代的到來,導致大量人口流向都邑及近畿地區,以及相對安定的社會情勢下軍事防禦需求的減淡,或許是這些現象出現的重要歷史背景。

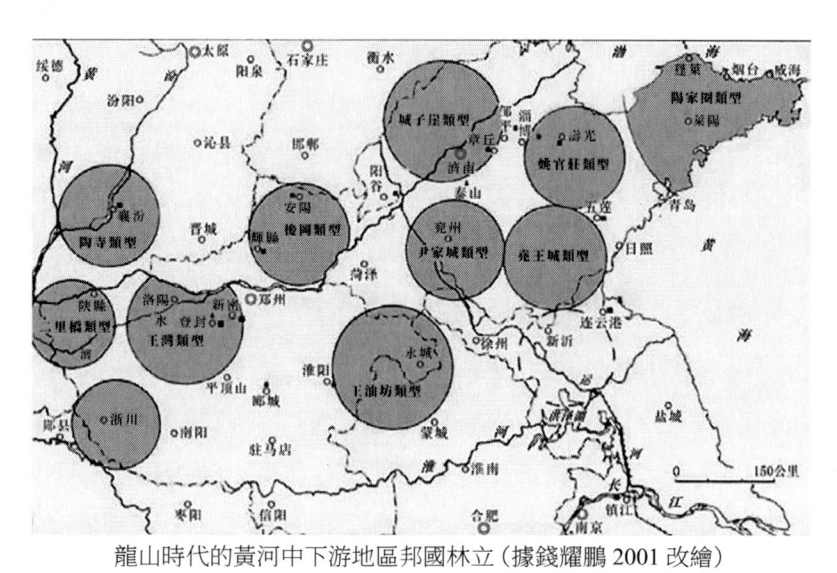

龍山時代的黃河中下游地區邦國林立(據錢耀鵬 2001 改繪)

中原中心的出現

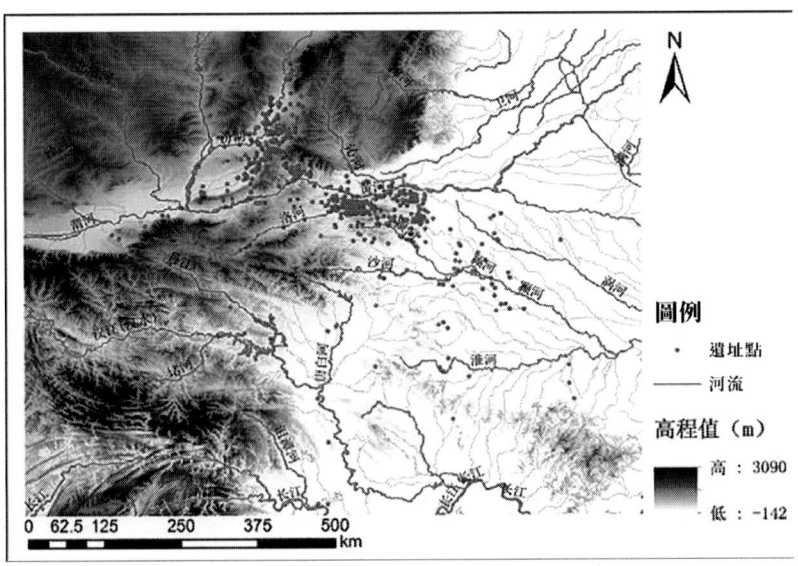

二里頭文化異軍突起，成為東亞大陸第一個「核心文化」（賀俊 2020）

六　青銅王都的特質

王朝都邑的龐大化

　　地處中原王畿地區的三代王朝都邑均規模巨大，內涵豐富。由二里頭文化的二里頭都邑現存面積約 3 平方公里，到二里崗文化的主都鄭州商城逾 10 平方公里，安陽殷墟和豐鎬西周王朝都邑的總面積更達 20～30 平方公里以上，構成東亞大陸聚落和社會發展史上的第一個大加速的時代。而且在這些都邑遺址中都發現有應該屬於宮殿宗廟的大型夯土建築基址及大型手工業作坊遺址。這是此前的新石器時代晚期大型中心聚落遺址和同時期的周邊方國、邦國都邑遺址所不能比擬的。可以說，三代王朝都邑的城市形態充分地顯示了中國早期都邑文明的特質，是探索中國城市起源及其初步發展軌跡的標竿。

　　那麼，中原王朝都邑及其所代表的中國早期城市文明的本質特徵何在？在考古學上，什麼是判別早期城市的決定性指標？中原王朝都邑的布局反映了什麼樣的問題？它在中國古代城郭制度形成過程中占有怎樣的位置？這些都是需要我們透過對上述考古學資料的具體分析來解答的問題。

　　一般認為，夏、商、西周王朝的都邑遺址是典型的中國青銅時代的城市遺存，是較為成熟、發達的文明社會。而構

> 王朝都邑的龐大化

成王朝都邑遺址的考古學遺存要素，歸納起來大致有以下幾類，即大型夯土建築基址、大規模夯土城壕、含代表當時手工業最高發展程度的工藝（如鑄銅、製玉石等）在內的各種作坊遺址、居住遺址和墓地等。其中後二者也見於一般村落遺址，僅有規模和數量上的差異，不具有代表性。在已基本確認具有早期王朝都邑性質的洛陽二里頭遺址、鄭州商城、偃師商城、安陽殷墟和周原、豐鎬、雒邑三大西周時期的都邑遺址中，目前僅在鄭州商城和偃師商城兩處二里崗時期的都邑遺址上發現有夯土城垣。可見，城牆在早期王朝都邑遺址中並不具有普遍性。而大型夯土建築基址和各種手工業作坊則在上述都邑遺址中均有發現。經過對這些考古學現象進行初步的分析，可以總結出以下幾點，它們大體上可反映出中國早期王朝都邑文明的本質特徵。

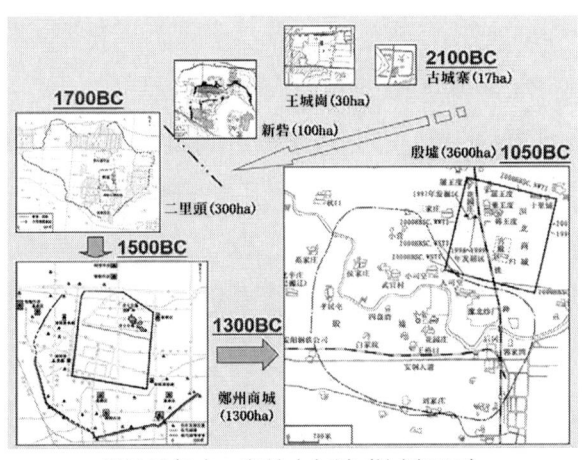

都邑千年史，空前大加速（比例尺同）

六　青銅王都的特質

宮室是都邑的必備要素

　　在考古學上表現為大型夯土建築基址的宮殿宗廟遺存，是中國早期城市——都邑的最核心的內涵，因而成為判別城市與否的決定性指標。

　　王朝都邑中一定有大型夯土建築基址，這是有其深刻的歷史淵源和背景的。從新石器時代開始，黃河流域的住宅建築形式經歷了從半穴居到地面居再到高臺居的發展過程。（周星 1989）住宅形態作為社會文化的產物，也一直在顯示著社會進步的趨勢。在穴居住宅依然存在的龍山時代乃至其後的二里頭時代至西周時代，突出於地面的高臺建築的出現既與夯築技術的成熟相連繫，又反映著事實上日益擴大的社會分裂。大型夯土高臺建築的建造需要龐大的用工量，又因為它首先成為至高無上的宮殿宗廟之所在而具有權力象徵意義，這決定了大型夯土建築基址從誕生之日起就與文明社會有著某種內在的連繫。從這個意義上講，大型夯土臺基的出現既是人們居住生活史上的一次大的革命，也昭示著文明時代的到來。

宮室是都邑的必備要素

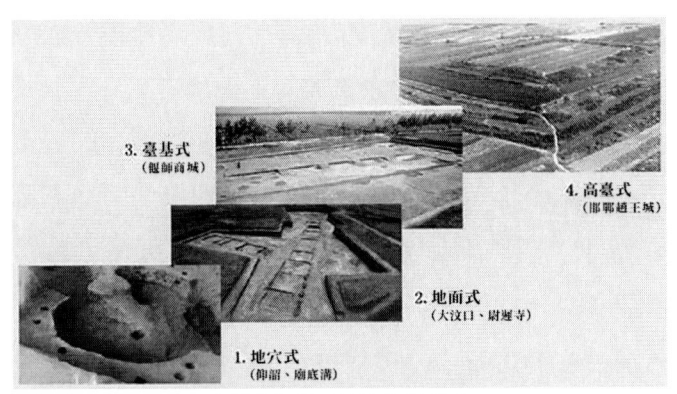

3. 臺基式（偃師商城）
4. 高臺式（邯鄲趙王城）
2. 地面式（大汶口・尉遲寺）
1. 地穴式（仰韶、廟底溝）

建築「高升」與社會複雜化

二里頭文化至西周王朝都邑中大型夯土建築基址（即宮殿宗廟遺存）的存在是中原王朝國家及其權力中心——都邑本質特徵的反映。從前面我們對中國城市起源問題的分析中可以看出，中國的初期城市從一開始就是伴隨著國家的產生、作為最早出現的邦國的權力中心而問世的。張光直教授指出，「中國初期的城市，不是經濟起飛的產物，而是政治領域中的工具」（張光直 1978）。龍山時代上千年眾多邦國部族的激烈衝突、相互融合和兼併，最終導致中原早期王朝的建立。而王朝都邑的出現，則是這些廣域王權國家王權確立的重要指標。因此，從本質上講，中國古代早期城市就是政治性都邑。而中原王朝國家都是建立在家族——宗族組織基礎上的宗法國家，以王權為首的政治身分與宗族內各級宗主的地位相一致，與此相應，政治統治權與宗教祭祀權是合而為一的。（王震央 1994）因此統治者所屬宗族的宗廟及他們所

111

六　青銅王都的特質

居住的宮殿就是宗法制度和國家權力的最高體現，成為國家權力中心——都邑的決定性象徵。不少學者認為禮制是中國進入文明時代的一項重要指標，而禮制在建築上的表現就是宮室宗廟。《墨子·明鬼篇》中所說的「且唯昔者虞夏商周，三代之聖王，其始建國營都日，必擇國之正壇，置以為宗廟」，它的含義正在於此。

目前，在考古學上還難以區分早期都邑內具體的大型夯土建築究竟屬於宗廟還是宮殿遺存。古人「事死如事生」，祖先亡靈所處宗廟與在世王者所居宮殿的建築規制在早期可能是完全一致的。其實，文獻與考古資料表明，先秦時代的宮室建築基本上是宮廟一體的。宮室前殿、朝堂也稱為廟，「廟」、「宮」通用的例子常見於先秦文獻。後世以「廟堂」、「廊廟」來指代君王和大臣議政的朝廷，也是宮廟一體這一先秦古制的遺痕。這時的宗廟不僅是祭祀祖先的場所，而且是舉行各種重大禮儀活動的場所。先秦時期的宮寢與宗廟即便分屬於不同的建築個體，也應該是集中於同一區域，也就是宮殿區與宗廟區應該是合一的，比如我們在安陽殷墟都邑小屯宮殿宗廟區所見到的那樣。

宮室是都邑的必備要素

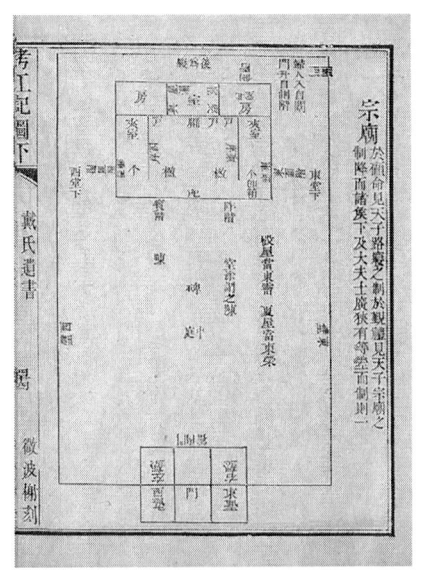

先秦禮書所見宗廟示意，與考古所見三代宮室建築結構基本一致

　　古典文獻中透露出的又一資訊是，先秦宮室在宮廟一體的總格局下，宮寢與宗廟的地位並非等重，作為維護王權神聖性的宗法制度的載體，宗廟是宮殿宗廟區乃至整個都城的核心之所在。宮廟一體，以廟為主，構成了先秦時期宮室建制有別於後世的一大顯著特色。

　　都邑或中心聚落內的宮殿宗廟基址多成群成組，分布較為集中，形成宮殿宗廟區。從文獻上看，對宗廟宮室的建置有嚴格的規制以明名分地位；考古發現所見保存較好的宮廟基址群也多可看出是經過統一的規劃和布局的，如殷墟小屯東北地和周原召陳基址群，都主次分明，井然有序，建築考究。

六　青銅王都的特質

安陽殷墟小屯宮殿宗廟區復原

　　與宗廟宮殿區相關的是王陵區的設定。目前除了商代晚期的殷墟，三代其他時期的王陵區尚無明確的線索。殷墟王陵區位於洹河北岸的侯家莊西北岡和武官村北地的高地上，與小屯宮廟區隔河相望，都處於殷都的中心區域。可以說，殷墟是以商王宮廟區和王陵區為核心建立起來的龐大都邑。這種王陵區設於都城範圍之內的布局，大概也是中國早期城市的一個重要特點。

七　大都無城縱橫談

七　大都無城縱橫談

何謂「大都無城」？

如果我們說，從中國最早的廣域王權國家——二里頭國家（夏王朝後期至商王朝早期？）誕生，到漢代的 2,000 餘年間，居然絕大部分時間裡都城是沒有大城的，甚至可以說這 1,000 多年是不設防的時代，您相信嗎？「大都無城」，也就是說龐大的都邑一般不設外郭城，疏於設防。這種文化現象，是漢代及其以前中國古代都城的常態。

既往，學術界一般把「無邑不城」作為中國古代都城的一個顯著特色來加以強調，比如認為「城牆是構成都城的基本政治要素，沒有『城牆』的都城實際上是不存在的」（劉慶柱 2006），「都城的城郭是其代表性建築，這是古代『禮制』所限定的」（劉慶柱 2009）。那麼，這一特徵貫穿中國古代都城發展的始末嗎？經過觀察分析研究，筆者認為不是這樣的，「無邑不城」這種大家耳熟能詳的現象，具有鮮明的階段性，它只見於曹魏到明清時代的中國古代都城史的後半段，而前半段，則是「大都無城」。

何謂「大都無城」？

簡單說來，大都無城的狀況肇始於距今 3,700 年前後洛陽盆地的二里頭都邑，其龐大而複雜、內涵高度發達的都邑不設防，而可能以其所處的自然山川為大郭，應是顯現了整個華夏族群處於上升階段的一種文化自信。二里頭是中國最早的廣域王權國家，國上之國，它要宣示教化，又國力強盛，因為自信，所以用不著修個土圍子把自己保護起來，而是跟諸侯盟國講信修睦，「守在四夷」，這可以看作大國風範之肇始。

隨著中原廣域王權國家的出現，二里頭至西周時期，城邑數量大為減少，但中心都邑的規模急遽增大，開始出現無外郭城的都邑，可視為延至東漢時代的「大都無城」風潮的第一波。從二里頭都邑開始，到安陽殷墟，到整個西周時期的三大都邑豐鎬、周原和雒邑，通通是大都無城，沒有一個外郭城來罩著。很有可能《逸周書·作雒篇》中所謂「郛方七十里，南繫於雒水，北因於郟山」的「郛」並非指城郭，而是指周圍的自然山川，貫徹的是因形就勢、師法自然的營國策略。在為數不多的城邑中，環壕聚落仍占有較大的比重。

春秋戰國時期戰亂頻仍，各國一時築城以自保，但到了秦咸陽、西漢長安和東漢洛陽，早期帝國之都又是大都無城，形成龐大的首都圈，彰顯出巍巍帝都的宏大氣勢。

七 大都無城縱橫談

中國古代主要都城城郭形態一覽（許宏 2016A）

階段	朝代	宮城＋郭區	宮城＋郭區 內城外郭	宮城＋郭區 城郭並立	都城存廢時間
實用性城郭時代	夏、商（？）	二里頭			1700BC～1500BC
	商		鄭州商城 偃師商城		1500BC～1350BC
	商	小雙橋 洹北商城 殷墟			1350BC～1050BC
	西周	豐鎬 岐邑 雒邑 齊都臨淄 魯都曲阜			1050BC～771BC
	春秋	洛陽王城 晉都新田 秦雍城 楚郢都	齊都臨淄 魯都曲阜 鄭都新鄭		770BC～403BC
	戰國	秦都咸陽（350BC～221BC）		洛陽王城 齊都臨淄 魯都曲阜 韓都新鄭 趙都邯鄲 楚郢都 燕下都	403BC～221BC
	秦	咸陽			221BC～207BC

118

何謂「大都無城」？

階段	朝代	宮城+郭區	宮城+郭區 內城外郭	宮城+郭區 城郭並立	都城存廢時間
實用性城郭時代	西漢-新莽	長安			202BC～23AD
	東漢	洛陽			25～190
禮儀性城郭時代	曹魏-北齊		鄴城		204～577
	北魏		洛陽城		494～534
	隋唐		隋大興城 唐長安城		582～904
	隋唐		東都 洛陽城		605～907
	北宋		汴梁城		960～1127
	金		中都城		1153～1214
	元		大都城		1267～1368
	明清		北京城		1421～1911

七　大都無城縱橫談

二里頭時代前後玉石牙璋的分布

牙璋是二里頭文化的重要禮器，它的擴散表明「中國」的雛形開始形成。

而從曹魏的鄴城和洛陽城開始，一直到明清北京城，就都是城郭齊備了，此外還有縱貫整個都城的大中軸線，和嚴格意義上的里坊制度，這是「後大都無城時代」的特質，而與此前「大都無城」的格局形成鮮明的對比。就是說整個中國古代都城史，可以劃分為兩個大的階段，也即實用性城郭階段和禮儀性城郭階段。在第一階段將近 2,000 年的時間裡，有 1,200 餘年時間沒有外郭城。

如果說從二里頭到秦漢階段是華夏族群的上升階段，擁有充分的文化自信的話，那麼魏晉南北朝以來眾多的北方少數族群入主中原，如鮮卑族、蒙古族和滿族等，都是以少數

何謂「大都無城」？

人口統治大範圍的華夏族群,是否出於不自信,導致他們高牆深壘,注重秩序,用華夏族的禮儀法度來統治,嚴格里坊制的管理,才有了城郭兼備、大中軸線和里坊制這種中古以後都城規制的出現。這都是中國都城營建史,乃至中國文明史上有待於深入探究的大問題。

七　大都無城縱橫談

「大都無城」為常態

　　與後世中國古代城市「無邑不城」的規制不同，在二里頭——西周王朝都邑和若干方國都邑中，外郭城牆的建造並不是一種普遍的現象，後世嚴格的城郭制度在這一時期尚未形成。我們當然不能排除在這些都邑遺址中今後發現城牆的可能性，但即便沒有建造外郭城牆也絲毫不影響它們作為典型的中國青銅時代城市的地位，因為判斷城市（都邑）與否的決定性指標是其內涵而非外在形式。早期的城牆還不具有多少權力（神權或王權）的象徵意義，大多是出於守衛上的需求而構築的防禦性設施。而外郭城牆的有無取決於當時的政治、軍事形勢、戰爭的規模與性質乃至地理條件等多種因素。

　　二里頭——西周時代大部分都邑「大都無城」，尤其是殷墟至西周時代近五百年時間王朝都邑均無外郭城垣，應該主要與當時的政治、軍事形勢有關。隨著軍事上的勝利和王權的確立，早期王朝都在王畿的周邊地帶設定了許多可直接控制或有友好關係的諸侯方國，這些方國成為拱衛王畿地區的屏障和王朝政治、軍事統治的重要支柱。同時，與此前的龍山時代相比，這一時期戰爭的性質和形式也有所變化，可

能主要表現為以早期王朝為核心的政治軍事聯盟與叛服無常的周邊邦國部族之間，即地區與地區之間的戰爭，而在王畿及鄰近的周邊地區，戰爭發生的可能性似乎大大減弱。國勢的強盛和以周邊諸侯方國為藩屏這一局面的形成，使某些王朝都邑和諸侯方國都邑築城自衛這種被動保守的防禦手段成為不必要。此外，都邑及其所憑依的王畿地區盡可能地利用山川之險作為天然屏障，也是三代都邑建置的一個顯著特點。

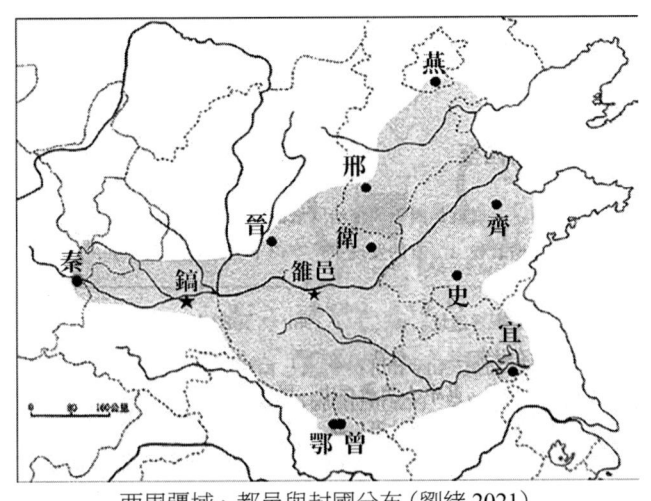

西周疆域、都邑與封國分布（劉緒 2021）

如果把這一時期的城市結構與東周以後的城郭布局連繫起來考察，可知這一時期內城外郭的制度尚未最後形成，但都邑布局已初步具備內城外郭這兩大部分的雛形。也就是，宮廟區是防禦的重點，城牆的建造都以此為中心。就目前的

七　大都無城縱橫談

發現看，早期王朝都邑遺址都是由宮廟基址群（或宮城）以及周圍的廣大郭區（含一般居民區、手工業作坊和墓地等）組成。早期都邑中有鬆散的郭區而無外郭城城垣的現象，在文獻中也有跡可循。

最早見於東漢趙曄《吳越春秋》「鯀築城以衛君，造郭以守民。此城郭之始也」的記載，經常被學者在論證三代及其以前的城市職能時所引用。其實，這段話應該是反映了距離漢代不遠的東周時期城市布局的狀況，而與二里頭——西周時代及其以前初期城市的真實情況不符。這種託古的手法常見於古典文獻中，記述則往往打上當時時代的烙印。「大都無城」的都邑營建模式中重宮城而輕郭區的狀況，顯現了早期王朝都邑具有「衛君」（含統治者階層）的性質而大多不是為了保衛邦國中全體成員的安全而興建的。見於東周時代的「守民」的外郭城在二里頭至西周時代還不是常態，這是由其國家及其權力中心——都邑的性質決定的。

城市布局尚缺乏規劃

　　在二里頭、二里崗、殷墟和西周時代的絕大部分時間裡，都邑規劃的總體方向，是因地制宜，不求方正，實際布局則是以沒有外郭城、總體不設防的「大都無城」為主流的。城市總體布局較為鬆散和缺乏統一規劃，這與城鄉分化初期城市經濟結構上農業尚占很大比重，和政治結構上還保留著氏族宗族組織有密切關係。

　　與前述的二里頭──西周時代都邑重宗廟宮室、區域性統一規劃布局形成鮮明對比的是，都邑中一般居民點及手工業作坊的分布較為分散，缺乏統一的布置和安排。整個城市大多是由若干個相對獨立的聚居點組成，各聚居點之間可能還有耕地相隔，呈現出一種半城半鄉的面貌。以鄭州商城為例，在面積約3平方公里的夯土城圈內發現有大片宮廟基址，外城的北部、南部有鑄銅和製骨作坊遺址，西部有製陶作坊遺址等，一般的居民點則遍布內外城及四周，構成龐大的都邑遺址。西周時期的都城豐鎬遺址則更由大量各自獨立的遺址組成，散布於灃河兩岸近20平方公里的範圍內。在這些都邑遺址居住區內所發現的生產工具中，農具仍然占有較大的比例，與當時的一般村落遺址的情況相近。這說明居

七　大都無城縱橫談

民中相當一部分應是直接從事農業生產的,這些居民點也應是為了便利農業生產而自然形成的。這一時期商品經濟欠發達,還沒有形成如後世那樣有別於農村的城市經濟,城市內的一般居民點與村落遺址沒有顯著的差別,正反映了城鄉分化初期階段的歷史特點。

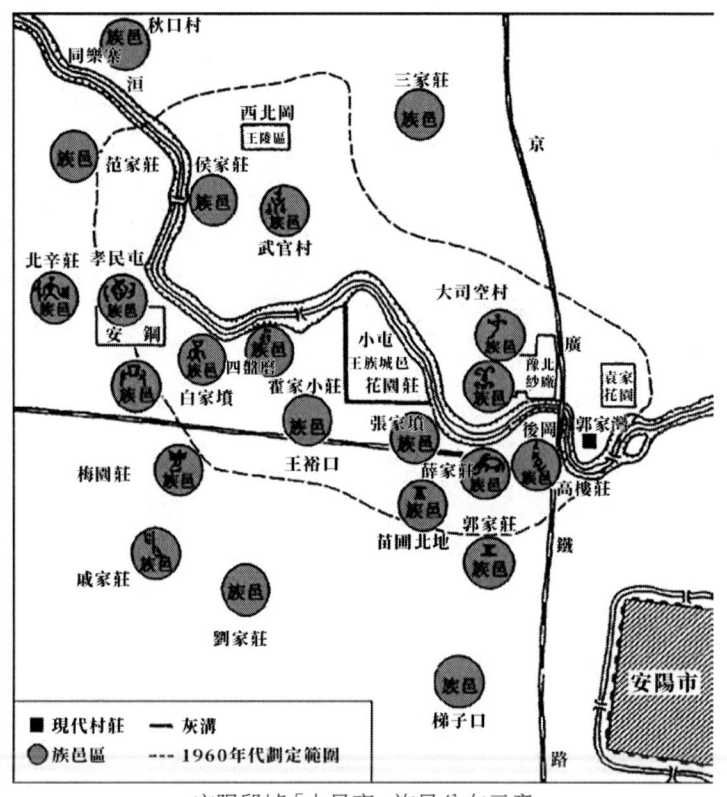

安陽殷墟「大邑商」族邑分布示意
(據鄭若葵 1995 改繪,圓圈內為金文族徽)

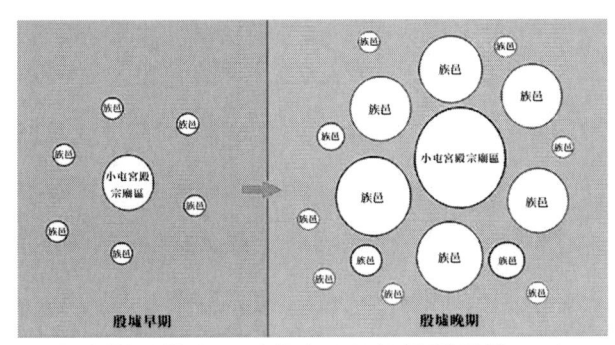

殷墟「族邑模式」早晚期布局示意（嶽洪彬等 2011）

　　同時，居民點的分散狀態，還應與當時相當完整地保存著氏族宗族組織有關。有學者根據甲骨卜辭的記載、殷墟墓地分割槽及出土銅器上互不見於他區的族徽銘文的存在，認為殷墟都邑的布局是一種族邑的布局。每一族邑都是一個相對獨立的聚落單元，是居地、生產區和墓地的綜合體，整個殷墟大邑是由若干族氏聚落簇擁著王族城邑聚落構成的。而這種族邑布局和體制，顯然影響了殷墟都邑的總體布局，使其不太可能出現設計規劃整齊的街道和排列有序的專業生產區。（鄭若葵 1995）這種情況在早期王朝都邑及一般聚落中是具有普遍性的。從對西周時期的周原岐邑遺址出土窖藏銅器銘文的分析中，也可看到與殷墟遺址大體一致的情況。在岐邑的範圍內，分布著大量從周王室那裡獲得宅邑、土田的世襲公卿貴族如莊白村微史家族、強家村虢季家族、董家村裘衛家族的聚落，這種聚落包括族長和族人、家臣居住地及其周圍的土田、作坊和族墓地。而這些世族的聚落布局，似

七　大都無城縱橫談

乎並沒有嚴格的規劃，而是較為散亂地分布在都邑的範圍內。（盧連成 1993）在洛陽瀍河東岸屬於西周時期的雒邑遺址範圍內也發現有集中分布的「殷人墓」區。（張劍 1995）上述種種，都說明當時是以族為單位進行生產和軍事等活動的，甚至因戰敗而被奴役的族群仍能聚族而居。從墓地的情況看，當時的族墓地中往往既有貴族墓又有平民墓，相當多的居民點內，也應是貴族與平民雜處。這和後代城市內依身分等級、貧富貴賤的差別來劃分出幾大片居民區的規劃是大相逕庭的。在已產生了國家組織、步入文明時代的二里頭──西周社會並未出現按地區來劃分國民的單純的地緣政治結構，血緣氏族紐帶在國家產生之後的複雜社會長期延續，構成中國早期文明的又一大特色。

八　大都無城的肇始

二里頭時代
（約西元前 1700～前 1500 年）

八　大都無城的肇始

與馮時教授不謀而合

　　三代王朝「大都無城」的聚落形態，在文獻中亦有跡可循。

　　據我的同事、中國社會科學院考古研究所馮時教授等學者的研究，三代時期「邑」與城郭的概念區別嚴格。古文字「邑」作「𠼥」，上邊是圍邑的象形文，下邊是人跽坐而居之形，所以「邑」本來是指人居之邑。而城郭的象形文「郭」（墉）本作「𩫖」，省簡為「𩫡」，也就是像城垣的形制而四方各設有門亭。透過對「郭（墉）」與「邑」的比較可以明顯看出，二字的主要區別在於，「郭」（墉）是建有城垣的城郭，而「邑」則是沒有城垣的居邑。甲骨文有「作邑」與「作郭（墉）」，占卜的是不同的事，「作郭（墉）」意為軍事目的的築城，而「作邑」則是興建沒有城垣的居邑。（彭邦炯 1982，馮時 2002）

　　馮時進一步指出，「邑」與「郭」（墉）除建築方法不同外，更重要的一點是在夏、商及西周文明中，作為王朝的中心聚落，也就是君王所在的京師之地，都是以「邑」的形式出現的。「邑」本來是像人居邑之形，而古文字的「國」本以「𠀎」為意符，是指事字，字形是在象徵中央邑的「囗」符的四外

新增了四個指事符號,以表明「國」之所指本來就是中央邑周圍的區域。這恰好表現了三代政治體制的基本格局。商代甲骨文顯示,商王朝的政治中心為大邑商,而大邑商之外的地區則為商王同姓子弟和異姓貴族分封的「國」,因此,商代實際至少是由位居中央的作為內服的大邑商的「邑」和邑外作為外服的同姓和異姓貴族所封的「國」共同組成的政治實體。(馮時 2008)

模擬版築牆垣場景(網易號「大國土匠」)

《左傳·昭公二十三年》載有楚大夫沈尹戌的一段話:「古者,天子守在四夷。天子卑,守在諸侯。諸侯守在四鄰。諸侯卑,守在四竟。慎其四竟,結其四援,民狎其野,三務成功,民無內憂,而又無外懼,國焉用城?」這段話明確地表述了楚國及其同時代的諸國長期以來堅持的「慎其四竟(境)」的外線作戰思想和大國氣度,是對西周時代及其以前「大都無城」狀態的一個極好的詮釋。

馮時教授據此認為,居於中心的王都由於有諸侯的藩

八　大都無城的肇始

屏，實際已無須再建築高大的城垣。除諸侯負有拱衛王室的責任之外，早期國家特殊的政治結構以及君王內治而重文教的傳統，也使王都必須呈現為沒有城垣的邑的形制。《易·夬卦》的〈象傳〉顯示，王於邑告命，故不能以深溝高壘將王與諸侯彼此分割，這樣將會影響王命的傳布；相反，宣示王命的地方應該是以沒有城垣的邑為形制，如此方可加強內外服的連繫，使教命宣達於四方。

那麼，三代都邑的外圍又是怎樣的形態呢？《周禮·夏官·掌固》：「掌固掌修城郭、溝池、樹渠之固……若造都邑，則治其固，與其守法。凡國都之竟有溝樹之固……若有山川，則因之。」可知三代都邑都有「溝樹之固」。段玉裁《說文解字注》釋「邑」所從之「囗」為「封域」，應為壕溝或封域的象形，即都邑外圍或有壕溝，挖壕之土堆於其外為「封」，又設籬笆荊棘等以為防護。如有山川之險，則利用自然地勢形成屏障。儘管都邑也有「溝樹之固」，但溝樹的作用與城垣適於軍事的目的大為不同，而只是具有防避獸害及規劃疆界的意義。因此，王都採用無城之邑的形制，其實正有使教命流布暢達的象徵意義，這些觀念都應是早期王都以邑為制度的重要原因。（馮時 2008）

這與本人從考古學的角度所做中國上古都邑「大都無城」的歸納，可謂殊途同歸。

從圍垣到環壕

在河南洛陽二里頭都邑所處的中原腹地,約西元前 1900 年前後新密新砦大邑的崛起,具有里程碑意義。新砦大邑走向興盛時,其他龍山城邑已經衰落甚至廢棄;到新砦大邑全盛時,它們已全部退出歷史舞臺。可以說,新砦大型設防聚落的出現,為數百年來中原地區城邑林立的爭鬥史畫上了一個句號,表明較大範圍內社會集團間的整合歷程已拉開序幕。我們傾向於把新砦集團的崛起,作為二里頭時代的開端。

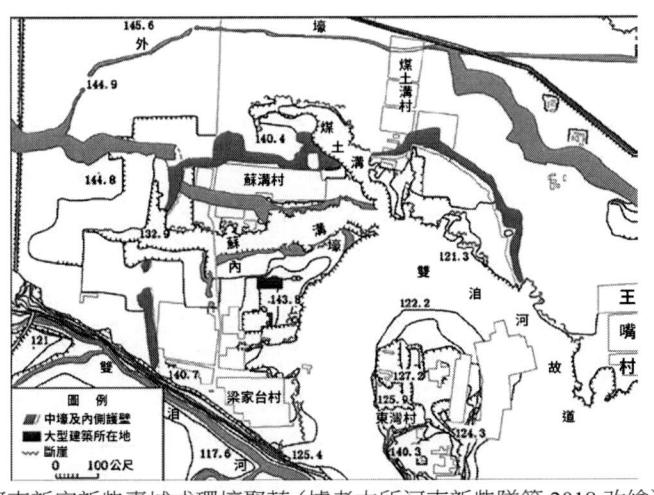

河南新密新砦臺城式環壕聚落(據考古所河南新砦隊等 2018 改繪)

八　大都無城的肇始

　　值得注意的是，二里頭時代聚落形態上最大的變化，一是中心聚落面積的大幅度提升，由龍山時代的 10 萬～ 30 萬平方公尺擴大到 100 萬～ 300 萬平方公尺；二是基本摒棄了龍山時代普遍築城的傳統，代之而起的環壕，成為這一時代的主流防禦設施。

　　新砦聚落的中心區約 6 萬平方公尺的區域由環壕（內壕）圈圍起來，其內分布有大型建築等重要遺存。再外是 70 萬平方公尺的「城牆」（應為防止壕溝壁坍塌而夯築的護壁或護坡）及其外的中壕，外圍又有 100 萬平方公尺的外壕圍起的空間。與龍山時代的城邑相比，新砦大邑拋卻了方正的城垣規制，而以並不規則的壕溝連通自然河道、沖溝形成防禦體系，這構成了其較為鮮明的聚落形態上的特色。就現有的資料看，當時的新砦遺址或為一處「臺城」式的環壕聚落。（許宏 2016B）

　　比新砦大邑稍晚，二里頭時代的河南平頂山蒲城店、駐馬店楊莊、滎陽大師姑、登封王城崗、登封南窪及山西夏縣東下馮等遺址中都發現了環壕。據梳理分析，這些設防聚落一改龍山時代城垣輔以寬壕（寬 10 公尺左右或以上）的傳統，在聚落內部流行窄環壕（寬 5 公尺左右）以明確功能分割槽，聚落外圍則流行寬環壕。窄環壕實際上是聚落內部不同社會階層居民之間的界限，因此並不需要沿襲龍山時代城牆和寬壕的組合作為防禦設施⋯⋯相對和平穩定的社會秩序或

許是二里頭時代居民多選擇開挖環壕而少築造城牆的原因。（李宏飛 2011）而這一階段少量的圍垣城址，一般出現於軍事前沿地區，如地處二里頭文化東部邊緣地帶的滎陽大師姑城址、鄭州東趙城址、新鄭望京樓城址和地處南部邊緣地帶的平頂山蒲城店城址。

由此可知，進入二里頭時代，聚落內部社會層級間的區隔得到強化，與此同時，對外防禦設施則相對弱化。

八　大都無城的肇始

無郭之都二里頭

約西元前 1700 年前後，伴隨著區域性文明中心的先後衰落，中國乃至東亞地區最早的具有明確都市計畫的大型都邑——二里頭出現於中原腹地的洛陽盆地。二里頭文化與二里頭都邑的出現，表明當時的社會由若干相互競爭的政治實體並存的局面，進入到廣域王權國家階段。

徐旭生及其「夏墟」調查報告

1959 年夏，著名古史學家、考古學家徐旭生先生在率隊調查「夏墟」的過程中踏查該遺址，隨即發表了考古調查報告。鑑於遺址出土物豐富、面積廣大，且位於史籍記載的商都「西亳」所在地，徐旭生認為該遺址「為商湯都城的可能性

很不小」（徐旭生 1959），引起學術界的極大關注。當年秋季，考古工作即開始啟動。

到目前為止，鑽探挖掘工作已歷經 60 餘年，除「文革」期間中斷了數年外，田野工作持續不斷，累計挖掘面積達 5 萬餘平方公尺，取得了重要成果。總體而言，二里頭遺址沿古伊洛河北岸呈西北 ── 東南分布，東西最長約 2,400 公尺，南北最寬約 1,900 公尺，北部為今洛河沖毀，現存面積約 300 萬平方公尺。其中心區位於遺址東南部的微高地，分布著宮殿區和宮城（晚期）、祭祀區、圍垣作坊區和若干貴族聚居區等重要遺存；西部地勢略低，為一般性居住活動區。（考古所 2014，許宏等 2019）

我們可以對二里頭都邑的演變過程做一簡要的梳理。

西元前 1750 年左右，二里頭文化的居民開始在此營建大型聚落。二里頭文化第一期時的聚落面積就超過了 100 萬平方公尺，似乎已發展成伊洛地區乃至更大區域的中心。如此迅速的人口集中，只能解釋為來自周邊地區的人口遷徙。這一時期的出土遺物包括不少貴族用器，如白陶、象牙和綠松石製品，此外還有青銅工具，但由於晚期遺存對該期堆積的嚴重破壞，聚落的布局尚不清楚。

二里頭都邑從第二期開始（約西元前 1700 年或稍晚）進入全盛期，其都市計畫的總體格局已基本完成。

八 大都無城的肇始

中心區由宮殿區、圍垣作坊區、祭祀活動區和若干貴族聚居區組成。宮殿區的面積不小於 12 萬平方公尺,其外圍有垂直相交的大道,晚期築有宮城。大型宮殿建築基址僅見於這一區域。貴族聚居區位於宮城周圍,中小型夯土建築基址和貴族墓葬主要發現於這些區域。其中宮城東北和宮城以北,是貴族墓葬最為集中的兩個區域。綠松石器製造作坊和鑄銅作坊都位於宮殿區以南,目前已發現了可能把它們圈圍起來的夯土牆。這一圍垣作坊區應是二里頭都邑的官營手工業區。祭祀活動區位於宮殿區以北和西北一帶,東西連綿二三百公尺。這裡集中分布著一些可能與宗教祭祀有關的建築、墓葬和其他遺跡。

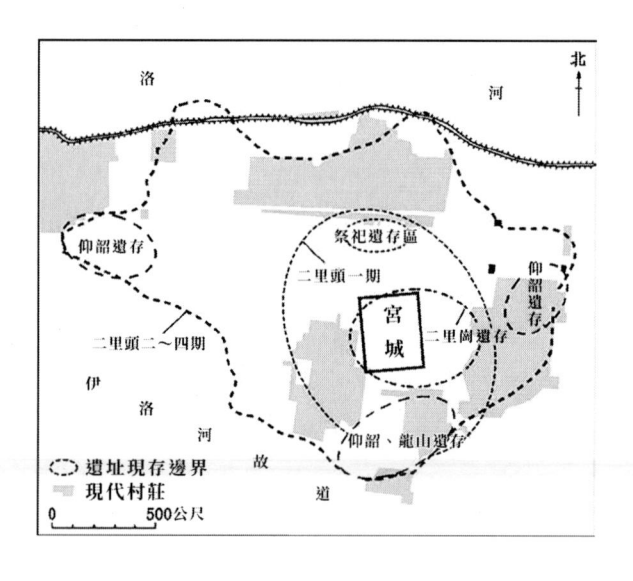

無郭之都二里頭

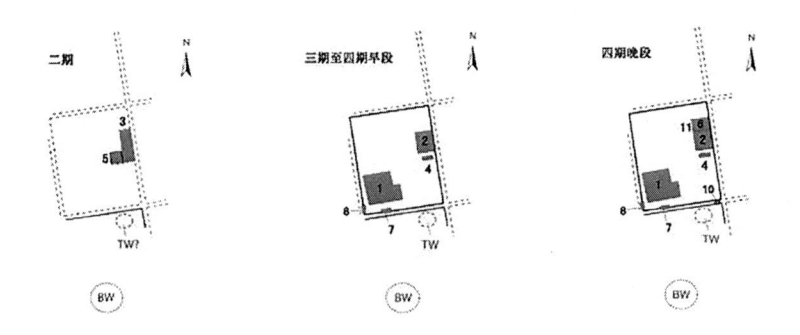

二里頭聚落總體（上）及其中心區（下）各時段演變示意圖中的「二里頭」與各期段均指二里頭文化

　　都邑主幹道網位於宮殿區的外圍。已發現的四條大路垂直相交，略呈「井」字形，顯現出方正規矩的布局。保存最好的宮殿區東側大路已知長度近 700 公尺。大路一般寬 10 幾公尺，最寬處達 20 公尺。這幾條大道的使用時間均較長，由二里頭文化早期沿用至最晚期。這是迄今所知中國最早的城市道路網。

　　據最新的考古發現，二里頭都邑創造性地採用了多網格結構的城市布局。多網格結構以圍繞宮殿區的「井」字形大道為中心向外延展，形成路網，路網之間是帶有圍牆的一個個封閉空間，顯示出極強的規劃性。

八　大都無城的肇始

二里頭遺址中心區（國家考古遺址公園）鳥瞰

　　但在逾半個世紀的田野工作中，卻一直沒有發現圈圍起整個二里頭都邑聚落的防禦設施，僅知在邊緣地帶分布著不相連屬的溝狀遺跡，應具有區劃的作用。

　　二里頭都邑的中心區分布著宮城和大型宮殿建築群，其外圍有主幹道網連線交通，同時分割出不同的功能區。製造貴族奢侈品的官營手工業作坊區位於宮殿區的近旁；祭祀區、貴族聚居區都拱衛在其周圍。上述種種，無不顯示出王都所特有的氣派。由上述發現可知，二里頭遺址是迄今可以確認的中國最早的具有明確規劃的都邑。就目前的研究而言，二里頭遺址的布局開中國古代都城規劃制度的先河。

九　城郭大邦二百年

二里崗時代
（約西元前 1550 ～前 1350 年）

九　城郭大邦二百年

二里崗文明的擴張

　　關於王朝時期商文化的上限，究竟可上溯至二里頭時代還是始於二里崗文化，尚存爭議。目前多數學者傾向於後一種意見，認為二里崗文化和殷墟文化構成商代考古學的主體。到了二里崗文化時期或曰二里崗時代，二里崗文化不僅迅速覆蓋了二里頭文化的分布區，而且分布範圍進一步擴大，聚落形態和社會結構都有極大的飛躍。

　　關於二里崗國家的膨脹性態勢，學者多有論述。比如有的學者認為二里崗文化時期是中國先秦歷史上的一個特殊的時期，從某種程度上來說，這個時期中央王朝的國力可能超過了商代晚期和西周早期。（孫華 2009）正是在這個時期，以鄭州商城為中心的二里崗文化急遽向周圍擴展，先前黃河中下游地區存在的二里頭文化、下七垣文化和嶽石文化（一般認為是夏、先商和東夷三個族群的遺存）鼎足而立的文化格局被打破。在東至渤海、西達關中、北抵冀中、南逾江淮的廣大區域內，人們都使用著一套共同的日常生活用陶器，形成了分布範圍相當廣闊的二里崗文化圈。（王立新 1998）

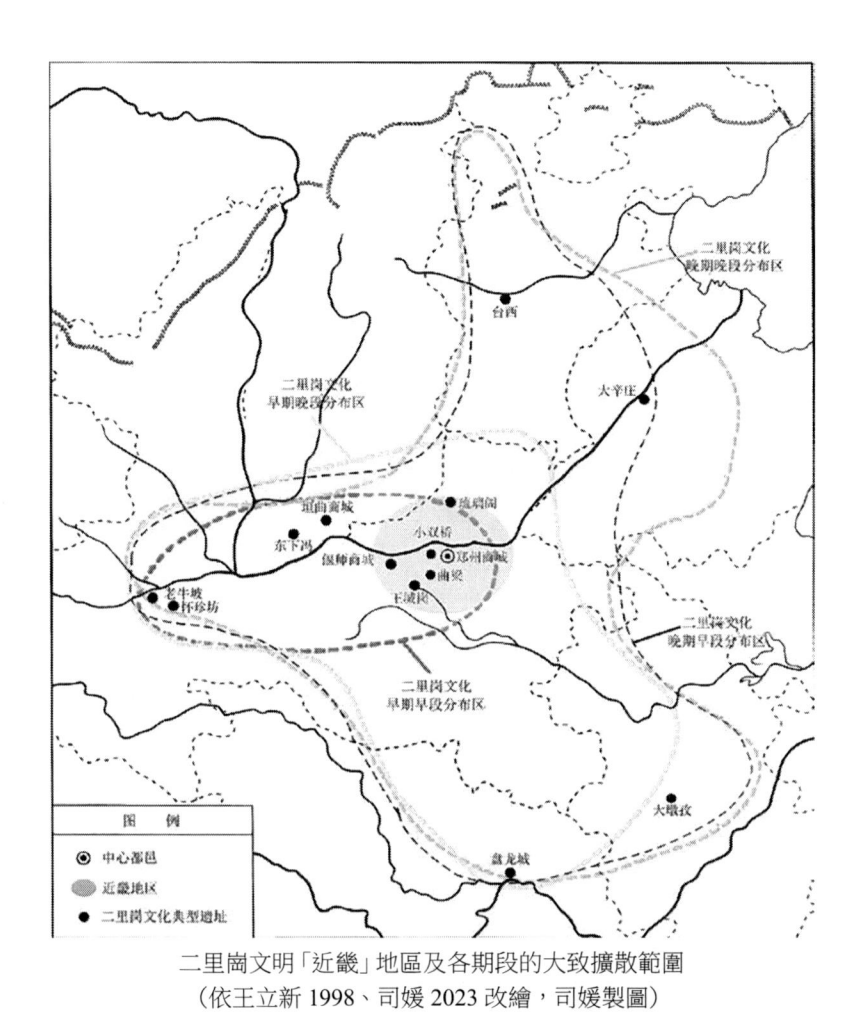

二里崗文明「近畿」地區及各期段的大致擴散範圍
（依王立新 1998、司媛 2023 改繪，司媛製圖）

　　眾所周知，製作工藝簡單而不便攜帶的日用陶器，往往具有極強的地域性特點和文化傳統上的保守性，如果不是人群遷徙和政治性強勢干預等因素，很難達到在廣大地域內風格高度一致的程度。而對陶器地域分布的研究顯示，二里崗

九　城郭大邦二百年

時代在中心區陶器組合擴散的同時，各地的地方要素急遽減少甚至滅亡。在比較短的時間內，就被伊洛——鄭州系統的陶器也就是二里崗文化的陶器傳統一元化了。

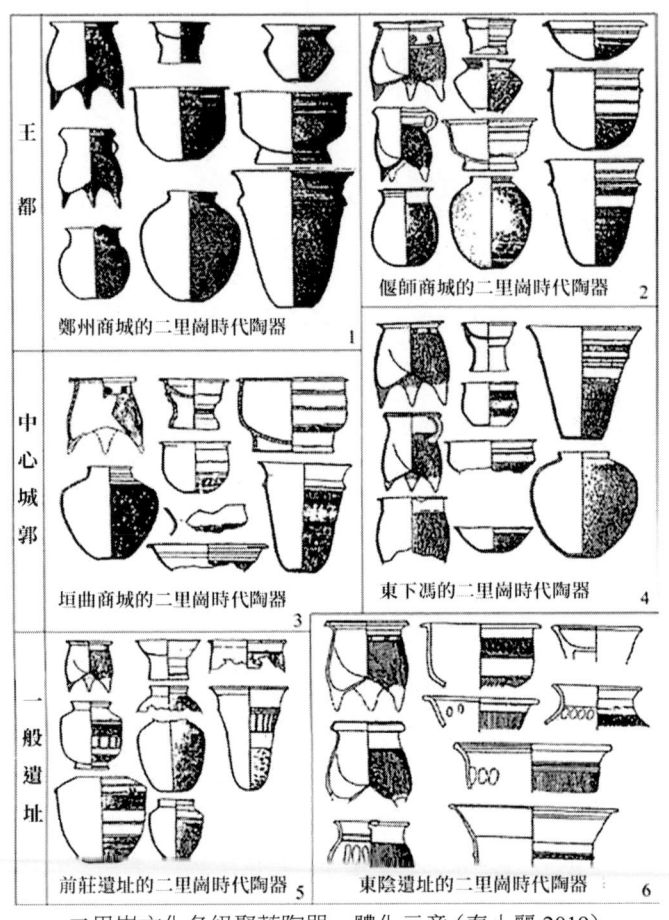

二里崗文化各級聚落陶器一體化示意（秦小麗 2019）

二里崗文明的擴張

　　殷商的青銅文明,最大限度向四方強力衝擊滲透的時段並非殷墟時期,而是二里崗時期。這一現象,至少 1980 年代初期開始就逐漸被注意到,被稱為「二里崗大衝擊」(Chang 1980 中文版,張光直 2002)或「二里崗擴張」(淺原達郎 1985)。美國學者貝格利教授從銅器研究的視角提出了二里崗擴張是軍事征服的結果(Bagley 1977、1999)。而後,他的門生王海城教授做了進一步的闡發,指出「二里崗擴張在東亞考古中占據極其重要的地位。它把一種最近發明的金屬製作工藝甚或文明本身傳播到華北和華中的廣大地區,早期青銅時代從此由一個區域性現象變成了覆蓋遼闊區域的整體現象」,而「這種特徵鮮明的物質文化大規模擴散現象並不為二里崗文化所特有。恰恰相反,這似乎是文明初始階段的一個普遍現象」(王海城 2016)。二里崗文明的上述特徵及學界的相關思考,都有助於我們理解城郭形態在二里崗時代出現的歷史背景。

　　在二里崗時代,具有都邑性質的鄭州商城和偃師商城都圍以城郭,有極強的防禦性,而其近旁及外圍又分布著若干城邑,都應該是出於政治、經濟和軍事目的而有計畫設定的。

九　城郭大邦二百年

主都唯鄭州

　　鄭州商城，地處現鄭州市區，坐落於西、南部黃土丘陵高地和東、北部湖沼平原相交接的地帶，從地形大勢上看，由西南向東北傾斜。此地自古以來就是東西、南北交通的咽喉要道，素來是兵家必爭之地。

　　鄭州商代遺址發現於 1950 年代，由於最早發現、挖掘地點都在今鄭州市區的二里崗一帶，依考古學文化命名的慣例，鄭州新發現的早於安陽殷墟的商文化，當時被稱為「商代二里崗期」文化，也就是考古學上的二里崗文化。

鄭州商城內城東南角城垣

主都唯鄭州

　　多年的發現表明，二里崗文化階段，鄭州開始出現大型都邑，中心區興建起了周長近7公里的夯土城垣，現已判明它屬於內城，城圈面積達3平方公里。不少學者認為鄭州商城已發現的內城可理解為「小城」或「宮城」。在內城南牆和西牆外600～1,100公尺，又發現了外城城垣，由西南至東北，對內城形成環抱之勢，外城加東北部沼澤水域圍起的面積逾10平方公里，或說超過13平方公里。（河南省所2001，秦文生等2015）城址周圍手工業作坊、祭祀遺存、墓葬區等重要遺存的分布範圍達15平方公里。在它的周邊，還分布有眾多小型遺址，應該屬於鄭州商城的「衛星」聚落。二里崗文化遺址相對集中分布範圍達160平方公里。（李維明2012）

　　1950年代以來鄭州商城的一系列重要發現，使人們確信它應是商王朝的一座都城遺址。只是對各類遺存的存滅時間，以及與之相關的立都時間和它與偃師商城的具體歷史歸屬與定位的確認，尚存異議。學者們推斷其應為商代中期仲丁所遷之隞都，或為商王朝初期成湯始居之亳都等。（河南省院2015）

九　城郭大邦二百年

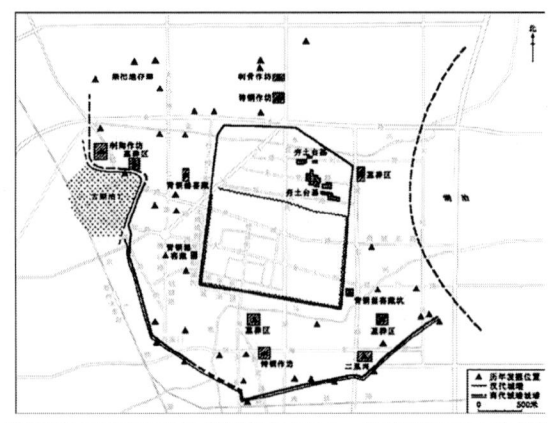

鄭州商城布局示意（依許宏 2017、袁廣闊 2018 改繪）

　　鄭州商城的郊外，多見中小型聚落址，並偶有城址發現，規格較高的超大型遺址僅見於西北郊的小雙橋一帶。

　　小雙橋遺址位於鄭州商城西北 20 公里許的索須河畔，地處邙山向南延伸的餘脈盡頭，東北部有古滎澤。據最近的勘查，實際範圍可達 400 萬～ 500 萬平方公尺。該聚落延續時間較短，遺存主要屬二里崗文化的最後階段。（河南省所 2012，袁廣闊 2023）

　　小雙橋遺址發現了面積約 2,000 平方公尺的大型夯土臺基，其原高應在 9 公尺以上。在遺址的中心區，已揭露數處大規模的夯土建築基址，包括牲祭坑、人祭坑在內的 20 餘處祭祀遺存及與青銅冶鑄有關的遺存。祭祀坑可分為綜合祭祀坑、牛頭坑、牛角坑、牛頭（角）器物坑和器物坑等多種。遺址中還發現了較多的與冶鑄有關的灰坑。大型夯土臺基西

側附近的壕溝內曾發現大型青銅建築飾件，顯示出不凡的規格。銅器除建築飾件外，還有爵、斝等容器和鏃等兵器。出土遺物中，與殷墟朱書文字和甲骨文一脈相承的朱書陶文尤為引人注目，這是目前發現的商代最早的書寫文字。

鄭州小雙橋遺址鳥瞰

鄭州小雙橋遺址夯土臺基

鄭州小雙橋遺址出土青銅建築構件

九　城郭大邦二百年

　　關於小雙橋遺址的性質問題，有的學者鑑於該遺址範圍較大，規格較高，內涵豐富，在年代上與鄭州商城的衰落年代相當而早於安陽殷墟，認為應是商王仲丁所遷隞都。也有學者認為，小雙橋遺址距鄭州頗近，存在大量的祭祀坑和祭祀用品，但缺乏王都所應有的其他生活遺存，應該屬於鄭州商城的離宮別館、宗廟遺址，或鄭州商城使用期後段商王室的祭祀場所。（李伯謙2003）對小雙橋遺址性質的最終確認，尚有待於今後的田野考古和研究工作的進展。

　　到目前為止，還沒有在遺址範圍內發現有城垣遺存。這個二里崗時代末期高規格的都邑性聚落，或許已拉開肇始於殷墟時代的「大都無城」的序幕。

輔都看偃師

偃師商城遺址坐落於洛陽盆地東部，現在河南省偃師市區的西部。遺址南臨洛河，北依邙山。西南距二里頭遺址約6公里，東距鄭州商城約110公里。

在國務院1988年公布的第三批全國重點文物保護單位名單中，該城的定名為「屍鄉溝商城」，這一稱謂到目前為止仍然多見於學術論著和各類讀物中。「屍鄉溝」一詞最早見於偃師商城挖掘者的文章中，其中援引《漢書・地理志》河南郡偃師下班固自注「屍鄉，殷湯所都」，而「城址中部有一條東西向的低凹地帶，穿城而過，老鄉世代相傳稱之為屍鄉溝或屍鄉窪」，這「與文獻記載如此符合，絕非偶然之巧合。據此，我們認為這座城址即是商湯所都的西亳，殆無疑義」（趙芝荃等1985）。後來有學者經過調查指出，大概是挖掘者證史心切，而將當地老鄉所言「石羊溝」（該地曾有古墓前安置的石刻羊等動物像）解譯為發音相似的「屍鄉溝」（王學榮1996）。由於「屍鄉溝」並非當地正在使用的小地名，不符合考古遺址的定名標準，因而筆者不使用「屍鄉溝商城」一詞。

> 九　城郭大邦二百年

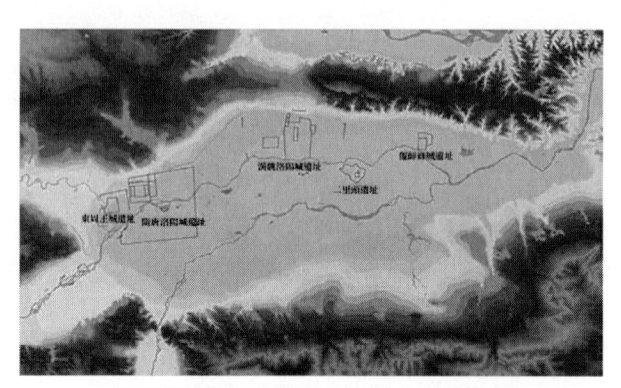

偃師商城及洛陽盆地中的其他古代都邑

　　偃師商城遺址發現於 1983 年，中國社會科學院考古研究所隨即成立了考古隊專門負責該城址的勘探和挖掘。此後一系列的田野工作，為建立該城址的考古編年序列，探究城址以及宮殿區的布局、建築結構及其演變過程，乃至進一步探究該城的性質，提供了豐富系統的資料。（考古所 2013，陳國梁 2021～2022）

　　與鄭州商城大體同時的偃師商城，最初建有圈圍面積約 86 萬平方公尺的小城圈，而後北、東兩面外擴（城外東南部已探明有水泊遺跡，東城垣南段很可能為避開該水泊而向西拐折），城內的總面積大約 1.9 平方公里。宮殿區位於城址的南部。以被稱為「宮城」的第 I 號建築基址群為中心，包括兩處可能為府庫的圍垣建築群及其他建築基址。城牆上已發現了多座城門，都是單門道，門道寬度僅 2～3 公尺，兩側都有木骨夯土牆，推測門道上方原應有建築。城垣寬厚且有意

設計出多處拐折，城門狹小，以及城內府庫倉囷類建築的設定，都體現了較濃厚的戰備色彩。

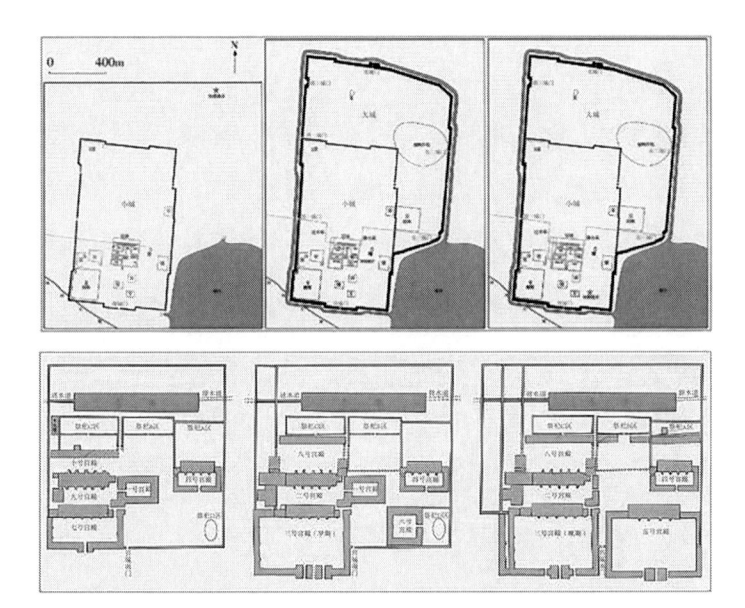

偃師商城總體布局（上）與「宮城」（下）變遷示意（谷飛等 2019）
左：一期，中：二期，右：三期早段

關於偃師商城的絕對年代，根據「夏商周斷代工程」提供的系列測年數據，其存在時間被推定為西元前 1540～前 1400 年前後（專家組 2022），則這座城址由興到廢經歷了近 200 年時間。

歸納起來，圍繞鄭州商城與偃師商城兩座城址的年代、性質及相互關係問題，主要有三種看法：一種看法認為偃師商城是湯都西亳，鄭州商城是仲丁所遷隞都；一種看法認為

九　城郭大邦二百年

鄭州商城是成湯始居之亳都，偃師商城是大體同時或稍晚的太甲「桐宮」、別（陪）都或軍事重鎮；一種看法傾向於二者同為商代早期的國都，只是重點使用時間有交錯，這種兩都或多都並存的現象多見於後世，鄭州、偃師二城或為其肇始。「夏商周斷代工程」則作出了調和折中的表述：「鄭州商城和偃師商城都是已知時代最早的商代都邑遺址，它們的始建年代最接近夏商更替之年，因此兩者均可以作為夏商的分界。」（專家組 2022）

比較分高下

　　近年的挖掘與研究，使我們對兩座城址的興廢年代和過程有了較清晰的了解。以最早的宮殿和宮城的營建為依據，兩城始建年代接近，都約當二里崗文化早期早段。二者的興盛期大體並存，或有交錯。鄭州商城與偃師商城大體同時興起，而後者的廢棄時間要早於前者。

鄭州商城南順城街窖藏坑出土大方鼎等銅器

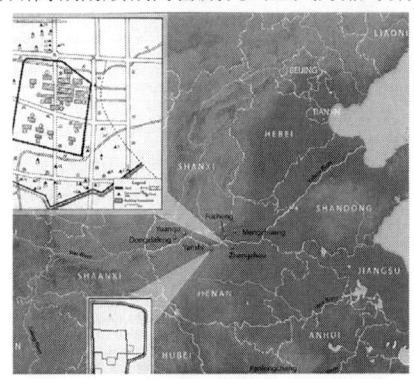

鄭州商城、偃師商城與盤龍城體量比較（Campbell 2014）

九　城郭大邦二百年

　　從考古學層面看，可以肯定鄭州商城和偃師商城是大體同時的兩座二里崗文化時期的都邑級遺址。就遺存分布範圍而言，鄭州商城為 10 平方公里以上，偃師商城則基本上限於大城城垣以內（約 1.9 平方公里）。從城址規模上看，鄭州商城在建城之初即建有 3 平方公里的內城和規模逾 10 平方公里的外城；偃師商城早期小城約 0.86 平方公里，後來擴建的大城不足 2 平方公里。鄭州商城發現了為數眾多的出土青銅禮器的墓葬和青銅器窖藏坑，以及鑄造青銅禮器的作坊；偃師商城則僅見有個別隨葬少量青銅禮器的墓葬。偃師商城幾乎平地起建，城垣寬厚且有意設計出多處拐折，城門狹小，以及城內府庫類建築的設定，都顯現出較濃厚的戰備色彩；這與鄭州商城的全面繁盛也形成較鮮明的對比。總體上看，這兩座城址在聚落層級上的差異是顯而易見的；同時，二者的城市功能也很可能有較大的不同。鑑於此，鄭州商城為主都，偃師商城是軍事色彩濃厚且具有倉儲轉運功能的次級中心或輔都的意見，應是較為妥當的。（許宏 2016）

南國重鎮盤龍城

　　盤龍城遺址位於湖北武漢黃陂區盤龍湖畔，地處長江中游北岸。它北距鄭州商城的直線距離約 450 公里。整個遺址群由夯土城址及其周圍矮丘和湖汊間臺地上的若干一般遺址組成，總面積逾 1 平方公里（湖北省所 2001）。

湖北武漢盤龍城遺址衛星影像

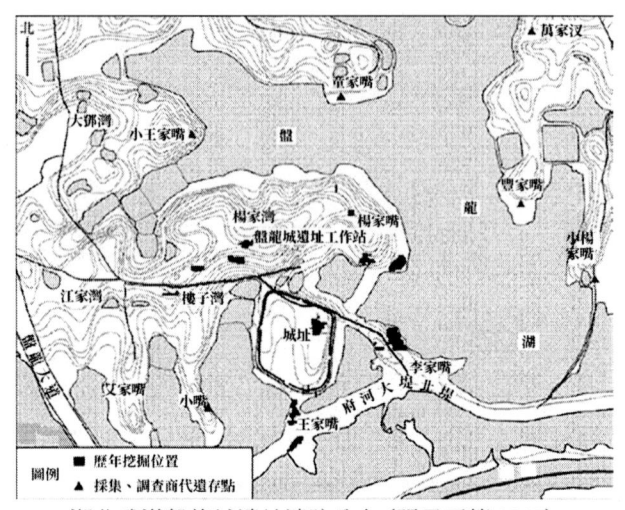

九　城郭大邦二百年

湖北武漢盤龍城遺址遺跡分布（張昌平等 2017）

　　城址坐落在遺址群東南部的一小山丘上，城牆隨地勢之起伏而修築，為版築而成，這應是長江流域最早的版築城垣。版築技術本是中原先民在黃土地帶因地制宜的創制，在土質易凝結、僅堆築即可起牆的長江流域，版築城垣無疑是一種顯著的外來文化因素。

　　城址平面略呈平行四邊形，面積約 7.5 萬平方公尺。城垣四面中部各有一缺口，可能即城門。城外挖有護城壕。城內東北部發現面積約 6,000 平方公尺的人工土築臺基，大型建築群即分布其上，已發現大型建築基址 3 處。其中 1 號基址的主體為四間橫列的居室，隔以木骨泥牆，四周則繞以迴廊。有學者將其復原為一座「茅茨土階」、四坡頂重簷的大型木建構築物。其與 2 號基址前後平行排列，具有共同的中軸

線。3座建築應屬帶有三進院落的一個大建築群。（楊鴻勳1976）在基址的西側還發現有由相互連線的陶質水管組成的排水設施。城址內的西南部為低窪地，當時可能為池塘。挖掘者推測該城址具有宮城的性質。盤龍城城址與大型建築，無論從結構布局和建築技術上看，都與二里崗文化保持高度的一致性。

在城外四方的多處地點，都發現有二里崗文化時期的堆積，應為一般居民區和手工業作坊區。其中在3個地點發現了眾多二里崗文化時期的墓葬，李家嘴一帶集中發現有隨葬青銅器的貴族墓。

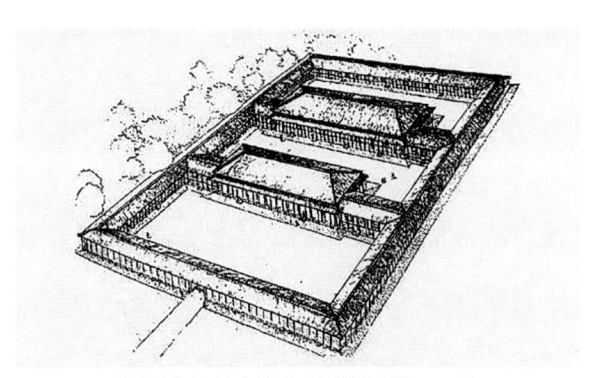

盤龍城大型建築復原（楊鴻勳 2001）

遺址中最早的遺存約當二里頭文化晚期，尚屬一般聚落。城垣始建於二里崗文化早期晚段，而最晚階段遺存的年代可至殷墟文化的最初階段。（考古所 2003）二里崗文化晚期是該城址的興盛期，城內的大型建築即修築於此期。最新

九　城郭大邦二百年

的研究顯示，二里崗文化晚期該聚落的面積至少超過 2 平方公里，是當時南方地區最大的城市。（張昌平 2020）

　　盤龍城遺址在城牆的夯築技術、宮室的建築手法、埋葬習俗及遺物特徵等方面，都和二里崗文化有著明顯的一致性。因而，一般認為，盤龍城遺存是以一支南下的中原商文化為主體，融合本地及江南文化因素而形成的一個商文化的邊地類型 —— 盤龍城類型（鄒衡 1980）。有學者進而認為，我們沒有理由懷疑鄭州貴族階層的一部分在二里崗文化晚期遷徙到盤龍城並在此建城定居。二里崗移民群體與土著群體的關係，看起來更像是一種以軍事征服而達到的統屬關係。盤龍城與鄭州鑄銅業之間的緊密連繫，甚至可以被視為母國嚴密操縱屬地的一個證據。（王海城 2016）無論如何，盤龍城在二里崗文化晚期應已成為一座規模較大、城市功能分割槽與布局均較為清晰的中心城市，表明鄭州政權的統治者對長江中游地區的控制力達到顛峰，也為其向更遠的西南方或南方施加影響提供了可能。

盤龍城出土的二里崗文化風格青銅器

研究顯示，盤龍城在其延續的 300 餘年時間裡，一直都在保持與中原地區文化同步，二者的關聯是持續不斷的。從長江中游當時的聚落形態看，盤龍城之下還設有二、三級聚落，由此形成垂直管理系統，顯示出二里崗文化時期中原王朝對南方的強勢控制。盤龍城透過長江幹流交通構成了東西向的文化交流帶，可見其在長江中游地區向外的張力。鑑於此，盤龍城應是中原王朝直接控制長江中游地區的中心城市，其人群應主要來自中原地區。（張昌平等 2017、張昌平 2020）盤龍城在文化面貌上與鄭州的高度一致性，強而有力地暗示了它可能是二里崗國家的一個遠方移民地。（李峰 2022）

九　城郭大邦二百年

十　青銅王都大邑商

殷墟時代
（約西元前 1350～前 1050 年）

十　青銅王都大邑商

洹水兩岸出大都

　　再往下,就是著名的殷墟時代,一般認為相當於商王朝的晚期階段。位於豫北地區的安陽殷墟遺址群,包括洹北商城與洹南殷墟。作為都邑的殷墟遺址群始於以洹北商城為重心的時期,由洹北向洹南的轉移究竟是都邑內活動重心的變化還是正式的遷都行為,尚有待探究。以鄭洛到安陽這一大的都邑變遷為契機,有商一代的總體文化態勢發生了重大變化。我們先看看豫北安陽地區殷墟時代的都邑狀況。

　　隨著以鄭州商城及其郊外的重要遺存小雙橋遺址為典型代表的二里崗文化的衰落,以洹北商城為中心的洹河兩岸一帶作為商王朝的都邑崛起於豫北。在殷墟遺址群的範圍內,發現了這樣一處年代較早的大型城邑,包括挖掘者和本人在內的不少學者,都是把它當作殷墟遺址群的一部分和殷墟文化的最早階段來看待的。但參與田野考古工作的加拿大學者荊志淳教授認為,洹北商城與洹南殷墟之間很可能有「時間斷層」,沒有直接的連續性,這有利於解釋兩座都邑在城市建構、性質等方面的巨大差異。(王煒 2014)

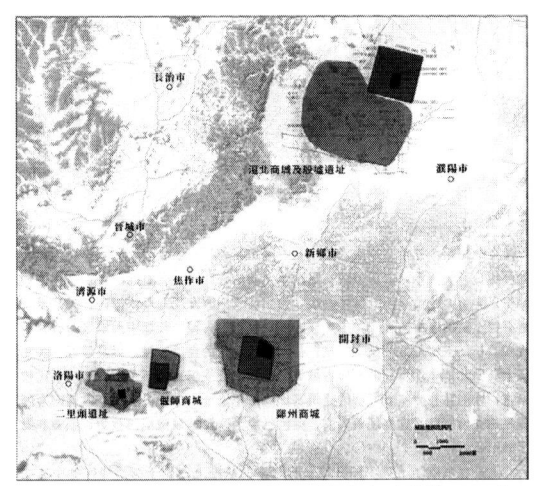

二里頭到殷墟時代都邑級聚落分布（陳筱 2021）

根據洹北商城等新的考古發現，大致採納「夏商周斷代工程」的分期方案並有所調整，以下述分期框架闡述殷墟遺址群的演化過程：

洹北花園莊期：至少其晚期約當盤庚、小辛、小乙時期（？）。

殷墟文化第一期：約當武丁早期。

殷墟文化第二期：約當武丁晚期至祖庚、祖甲時期。殷墟文化第三期：約當廩辛、康丁、武乙、文丁時期。

殷墟文化第四期：約當帝乙、帝辛時期，該期晚段或可進入西周初年。

《夏商周斷代工程報告》中推定殷墟文化第一期至第四期的年代範圍約為西元前 1320～前 1040 年。（專家組 2022）

十　青銅王都大邑商

方壕：回歸「無城」的先聲

　　作為都邑的洹北商城，從建都伊始就是跨洹河兩岸的，其城市重心在洹北。聚落周圍挖建了圍圈面積達 4.7 平方公里的方形環壕，其內營建起了以大規模的夯土建築基址群為主體的宮殿區和面積約 41 萬平方公尺的宮城，在宮城內已發現並挖掘了 1 號、2 號兩座大型建築基址和大面積的手工業作坊。方壕內北部則分布有密集的居民點，附近常發現墓葬。大片宮殿建築在興建不久即被火焚毀。

安陽洹北商城宮城內大型建築 1 號基址挖掘現場

> 方壕：回歸「無城」的先聲

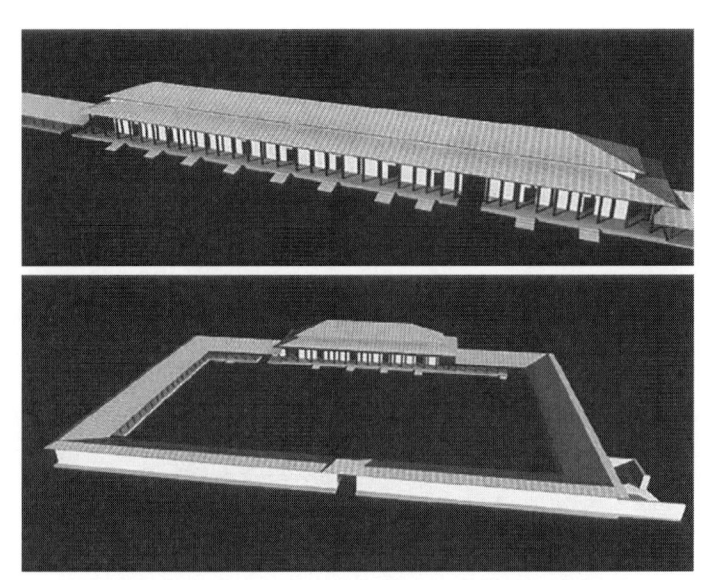

安陽洹北商城宮城內大型建築1、2號基址復原

位於洹河南岸的小屯一帶屬於此期都邑的西南郊。這一帶分布著相當於這一時期的較豐富的遺存，包括具有相當規模的夯土建築基址群、出有甲骨卜辭的窖穴、隨葬成組青銅禮器的墓葬，甚至還有鑄銅作坊。鑑於上述，有研究者認為，小屯宮殿宗廟區的所謂宮殿建築遺存有一部分很可能是洹北商城的外圍居民點。實際上，上述遺存遠非都城外圍的普通居民點所能擁有，它們應是洹北商城的重要組成部分。

此外，位於洹北商城方壕以西的西北岡王陵區也發現了可能屬於此期的高等級墓葬，果真如此，那麼西北岡王陵區的使用上限可以早到洹北商城時期。

| 十　青銅王都大邑商 |

　　到了本期晚段，出於我們還不知道的原因，剛剛挖好的方壕隨即被草草回填，南壕甚至沒有加以夯填，殷墟都邑的重心隨即移到了洹河以南。

　　如果說以鄭州商城、偃師商城為代表的商代前期的都邑布局（宮城＋郭城），與商代後期以洹南為中心的安陽殷墟有較大差異的話，那麼洹北商城可能正處於這兩大模式的轉折期。在承繼了鄭州商城、偃師商城的某些布局特徵的同時，洹北商城似乎又具有開啟洹南殷墟「大都無城」模式先河的意義。

洹南大邑又無城

　　洹南都邑，也就是我們熟知的安陽殷墟，它以靠近洹河的小屯村宮殿宗廟區為中心，存在年代相當於殷墟文化的第一至四期。（考古所 1994）

　　殷墟文化第一、二期，洹南小屯一帶開始出現大型夯土建築群，一般認為屬宮殿宗廟區。從殷墟一期開始，居址和墓葬以小屯為中心分布。苗圃北地的鑄銅作坊始建於此期。都邑的重心已移至洹南，遺址群的總面積約為 12 平方公里。本期晚段，遺址群範圍有所擴大。至少在殷墟文化第二期時，宮殿宗廟區的西、南兩面開掘了大型取土溝，部分連通洹河，應具有區劃標識作用。取土溝圍起的面積達 70 萬平方公尺左右。溝內區域有興建於此期的夯土建築基址，也有王室貴族的墓葬，比如婦好墓、花園莊東地的貴族墓等。此前已有的鑄銅作坊此時繼續使用，此外又各發現鑄銅作坊一處、製骨作坊一處。小屯以外，居民點的數量和範圍均有較大規模的擴增，在廣大地域內都發現了這一時期的居住遺址。遺址群的總面積擴大到 20 平方千米以上。洹河北岸的侯家莊西北岡一帶的王陵區已經建起。一般家族墓地數量顯著增多。殷墟西區的「族墓地」也形成於此期。

十　青銅王都大邑商

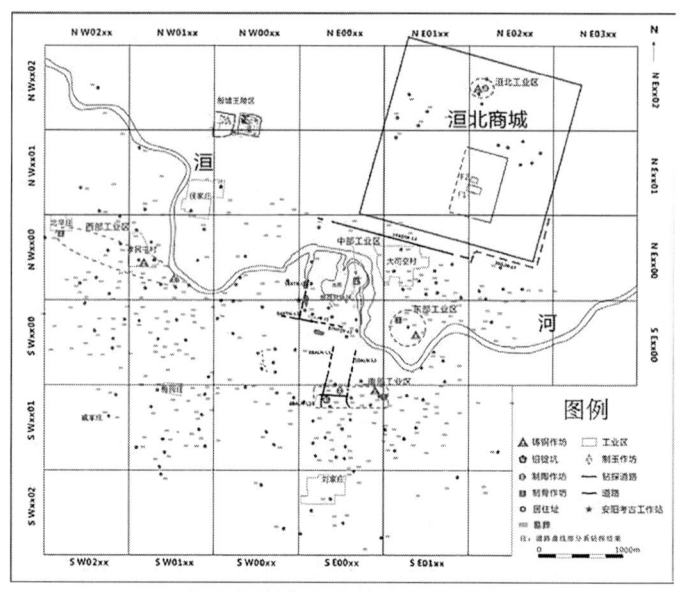

安陽殷墟遺址群（何毓靈 2019）

  殷墟文化第三、四期，遺址群的範圍擴大至 30 平方公里左右。小屯及其附近仍為宮殿宗廟區。其外圍取土溝已廢棄，開始填埋。但宮殿區的範圍很可能擴展到了更西的區域，那裡已發現了圍溝的線索。（嶽洪彬等 2011）洹河北岸西北岡一帶的王陵區也不斷擴大。這時的手工業作坊進入一個大的發展階段。3 處鑄銅作坊及製骨作坊一直沿用，規模也都相應擴大。遺址群最西端一帶，又新建了一座製骨作坊。小屯西北地新建了一處玉石器製造場。隨著人口的增多，原有的居民點和墓地迅速膨脹。

  從考古發現的資料看，以小屯為中心的殷墟遺址群的主

體遺存是自武丁開始的，因此，有的學者提出殷墟始遷於武丁。而較之稍早的洹北商城，應處於文獻記載「殷」的範圍內，因此，盤庚遷殷的地點，最初可能是在安陽洹

安陽殷墟宮殿宗廟區復原

河北岸今京廣鐵路兩側，至武丁即位，國力強盛，才遷到現在所知的以小屯為中心的殷墟。也有學者推斷洹北商城為河亶甲所遷「相」。還有學者認為無法排除「河亶甲居相」的可能，也不能否定「盤庚遷殷」，甚至還有先後存在的可能。（許宏 2016）

以洹南小屯宮殿宗廟區和洹北西北岡王陵區為中心的 200 餘年裡，隨著人口的增多和社會的繁榮，殷墟都邑經歷了規模由小到大、結構逐漸複雜的過程，聚落總面積達 36 平方公里。宮殿區的範圍可能不限於取土溝與洹河圍起的 70 萬平方公尺的區域，而是向西延伸，以人工或自然溝壑為界。但在 90 餘年的田野考古工作中同樣未發現外郭城的跡象。

十　青銅王都大邑商

　　有學者指出，正是吸取了（洹北）疏於防火的深刻教訓，小屯宮殿才臨河而建，並精心設計，處處防火。而由於洹河邊特殊的地理位置，已無法滿足再建城牆的需求。這可能是殷墟沒有城牆的最主要的原因。（何毓靈等 2011）當然，關於洹南殷墟未築城的原因，學界還多有推想。最具典型性的推論是，「殷墟這一大邑聚落是透過星羅棋布式的小族邑簇擁著王族城邑而構成的。王族城邑是殷墟大邑商的中心，是都城的心臟，在王族城邑周圍，在三十平方公里王畿範圍內向心式地分布著層層族邑，這層層族邑的溝通聯結，形成了似無實有的聚落人牆，發揮了聚落屏障或城牆的作用。加上殷墟文化時期的國力強盛和王權的強大威懾力，所以殷墟都城很可能是沒有外郭城牆設施的。」（鄭若葵 1995）作者把這類都邑布局稱為「族邑模式」，認為殷墟這種大邑都城形態，可能也直接影響了西周時期的都城豐、鎬的形態。

洹南大邑又無城

1935 年，安陽殷墟王陵區商王大墓挖掘

　　無論如何，在相隔了約 200 年軍事攻防色彩濃烈的二里崗時代後，殷墟的聚落形態又呈現出與二里頭都邑相近的狀況，並正式進入了直到西周王朝結束近 500 年「大都無城」的階段。

十　青銅王都大邑商

商文明，一腳門裡一腳門外

　　說到商文明，我們還要從學理上補充幾句。整個人類歷史，從文字的有無及其利用程度的角度，可以分為史前、原史和歷史三個階段。史前（pre-history）時代，是沒有文字的時代；歷史（history）時代也就是信史時代，是有了文獻記載的時代；而原史（proto-history）時代，則介於二者之間，是指「文字最初產生時期或文字不產生關鍵作用的時期」（陳星燦 1997）。原史時代，在中國歷史上，大致相當於龍山時代（傳說中的「五帝時代」）到二里崗時代。為什麼下限是二里崗時代呢？因為再下一個時期，就是甲骨文出現的殷墟時代，由於甲骨文這種當時的、帶有「自證」性質的文書的出現，殷墟時代相當於殷商王朝後期得到確證，中國歷史進入信史時代。確切地說，從商王武丁時期進入信史時代，最早的甲骨文就是那個時期的。

　　這樣，我們就能理解上面講的武丁之前的洹北商城究竟是哪個王所都，都存在爭議。至於鄭州商城和偃師商城究竟為何王所都，也聚訟紛紜，學者們關於偃師商城為何王所都的推測，居然達到七種之多。再早的二里頭，則究竟主要是商代早期的都城還是夏代晚期的都城，更是一團迷霧。這些

問題,是在像甲骨文這樣系統而豐富的文書資料出土之前,僅憑考古挖掘和研究根本解決不了的問題。

安陽殷墟出土甲骨卜辭

司母戊大方鼎及其銘文

所以,我們上面的講述,一直是考古學本位的,比如前仰韶時代、仰韶時代、龍山時代、二里頭時代、二里崗時代,而從殷墟時代開始,西周、東周、秦漢以至明清,就可以用文獻中的朝代名來命名各個時代了。上古史與考古學領域的兩大話語系統(考古學話語系統和古典文獻話語系統,如伏羲女媧盤古、三皇五帝、堯舜禹),至此才最終合流,中國歷史也由此進入了所謂的「信史時代」。

十　青銅王都大邑商

十一　西周三都的大格局

西周時代（約西元前 1050～前 771 年）

十一　西周三都的大格局

赫赫宗周之周原

　　至西周之世，在西周王朝的三大都邑周原、豐鎬和雒邑，都未發現外郭城城牆的遺跡。當時的大國魯國和齊國的都邑，大城城牆也基本上沒有蹤跡可循。

　　周原位於陝西關中西部，有廣義和狹義之別。廣義的周原指關中平原西部，岐山之南、渭河以北的狹長區域，包括今天的鳳翔、岐山、扶風、武功四縣的大部分和寶雞、眉縣、乾縣的一小部分，東西綿延 70 餘公里，南北寬約 20 公里。（史念海 1976）其中岐山、扶風兩縣的北部是周原的中心地區，也就是狹義的周原，東西長約 6 公里，南北寬約 5 公里，總面積 30 餘平方公里。

　　這裡古代稱岐邑，是周人早期活動的根據地。據《詩經》《史記‧周本紀》等文獻記載，周人在商代晚期遷到此地，開始營建宮室，成為都邑。西元前 11 世紀後半葉周文王遷都到豐京以後，這裡仍然是周人的重要政治中心，西周初年曾是周公和召公的采邑。整個西周王朝，這裡一直是周人祖廟之所在，也是周王朝諸多貴族的重要聚居地。到了西周末年，由於戎人的入侵而廢棄。關於周原的性質，則有周城、非姬姓貴族聚居地和都城等不同的看法。（許宏 2017）

關中平原上的大周原與豐鎬遺址（宋江寧 2017）

周原遺址在數十年的考古工作中也跟二里頭和殷墟一樣，一直沒有發現外郭城城牆的跡象。從文獻上看，《詩經·大雅》只說古公亶父率領周人在周原建築「室家」，建築宗廟與宮門宮牆，並未提及建築城郭，可能是一個旁證。有學者認為這是不同於夯土圍城的另一種城的類型，也就是因自然山水地形地貌加以挖掘而成的河溝加臺地的臺城。它的北邊是岐山山麓，東邊和西邊是較深的溝壑，南邊是幾條溝匯聚的三岔河。一面背水三面環水，正是建造臺城的絕佳地形。（彭曦 2002）

在近年的調查中，確認周原遺址存在西周時期的墓地 56 處，在 7 處墓地中發現了 9 座帶墓道的高等級大墓。發現並記錄手工業作坊 50 餘處，包括製作銅器、骨角器、玉石器、蚌器和漆木器、陶器的作坊。其中齊家溝東岸的 6 個作坊，形成一個面積約 1.1 平方公里的手工業區。

在以往發現數十處大型夯土建築遺存的基礎上，確認了

| 十一　西周三都的大格局 |

130 餘處單體夯土建築，分布於 43 個功能區之中。確認出土青銅器等遺物的窖藏 32 座，基本上都位於大型夯土建築區內或單體建築旁。（雷興山等 2014）

周原遺址西周墓葬出土銅器

據稱，近年在周原遺址的西北部發現一座夯土小城，整體呈較有序的長方形，面積約 175 萬平方公尺。城址的北、東、南三面有人工城壕，西面以天然大溝王家溝為壕。城牆始建於商周之際至西周早期。大城位於小城東南，基本包括了周原遺址的核心部分，形狀有序，面積約 5.2 平方公里。大城應建造使用於西周晚期。關於此項發現，目前僅有簡單資訊，多處城垣間的相互關係還有待進一步的鑽探挖掘來確認。（種建榮等 2022）

挖掘者認為「此次發現的城址為西周時期規模最大的城址」，「西周晚期時小城相當於王城，小城以東、以南則是郭城」，其實西周王朝分封的諸侯國魯國都城曲阜，西周晚期始

建的城址規模達 10 平方公里，幾乎是上述周原「大城」面積的兩倍。且在 30 餘平方公里的周原遺址中，周原「大城」僅圈圍起一部分割槽域，可知該城圈絕非外郭城。

鳳雛建築群位於小城北部正中，方向與城址完全一致，結合周圍存在的大面積夯土，小城北部應是宮殿區。著名的鳳雛甲組基址坐落在夯土臺基上，總面積 1,400 餘平方公尺，是一座前後兩進、東西對稱的封閉性院落建築。在該基址西廂房的一個窖穴中出土了 17,000 餘片西周早期甲骨，絕大多數為卜甲，200 餘片卜甲上有刻辭。這處建築基址周圍還有若干建築基址，形成較大的建築群。（陳全方 1988）

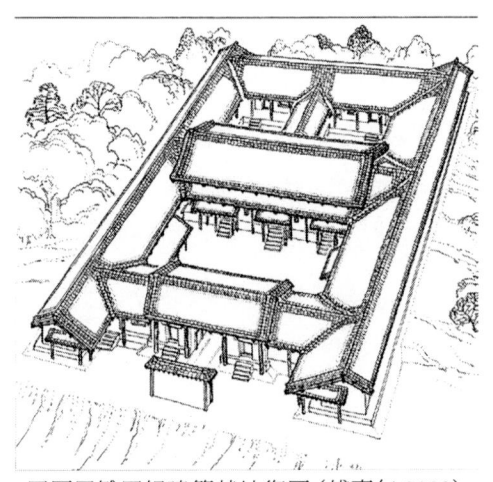

周原鳳雛甲組建築基址復原（傅熹年 2008）

在扶風召陳建築基址群內現已挖掘了 15 處夯土基址，其中 3 座基址規模較大，保存較好。在鳳雛和召陳之間的雲塘

十一　西周三都的大格局

和齊鎮一帶，也發現了兩組平面呈「品」字形、東西並列的大型建築。

關於這些大型建築基址的性質，目前尚存在不同的認知。有學者認為岐山鳳雛甲組建築基址應為宗廟，或屬大型王宮遺址，也有人認為屬貴族宅院或生活居住之所。至於雲塘、齊鎮的大型建築，挖掘者認為應屬宮廟遺存。（許宏 2017）

最新的調查還發現了若干池渠壕溝，乾渠與水池相連，由此構成了以水池為中心的四大水系，形成聚落的給排水系統。有些溝渠則可能是聚落或居址區的環壕。此外，還新發現了 13 條道路。

據分析，在周原遺址群中，墓葬與居址往往混雜一處，尤其是工匠或參與手工業生產人員這一特定的人群，其聚族生活之地與聚族埋葬之地應皆處在一個相對狹小的區域內。其中黃堆、賀家墓地規格較高，應為周人墓地；而雲塘、齊家、莊白等墓地，特徵多類於晚商時期的商人墓，其主人應是廣義的殷遺民。（雷興山 2009，馬賽 2010）

赫赫宗周之豐鎬

　　西周王朝的都城豐京和鎬京遺址，地處西安市西南灃河兩岸。據《詩經・大雅》的記載，周文王「作邑於豐」，又命他的兒子姬發，也就是武王營建鎬京。豐京在灃河以西，鎬京則在灃河以東，兩者隔河相望。文獻和考古資料表明，武王繼位後雖然遷都於鎬京，但豐京並未放棄，整個西周時期，豐京和鎬京同為周王朝的政治、經濟和文化中心，實際上是一座都城的兩個區域。至西周末年，由於戎人入侵，周平王被迫東遷雒邑，豐、鎬二京於是被廢棄。

　　據近年的勘查結果，豐京遺址的總面積約 8.6 平方千米。其中部緊鄰灃河西岸，新發現一處面積逾 3 萬平方公尺的水域，即曹寨水面。透過挖掘發現曹寨水面有專門從灃河引水的水道，因而推斷其應係人工水域。最近又發現了橫貫遺址中部的曹寨——大原村河道，可能為人工挖建。據最新的調查，鎬京遺址面積約 9.2 平方公里。與此同時，在鎬京遺址的東界和南界，還發現了一條大體呈西南——東北向的壕溝，已知長度達 4,200 公尺。壕溝西側，包括墓葬、車馬坑在內的西周時期遺存分布較為密集，以東則不見同時期遺存。（考古所等 2016）

十一　西周三都的大格局

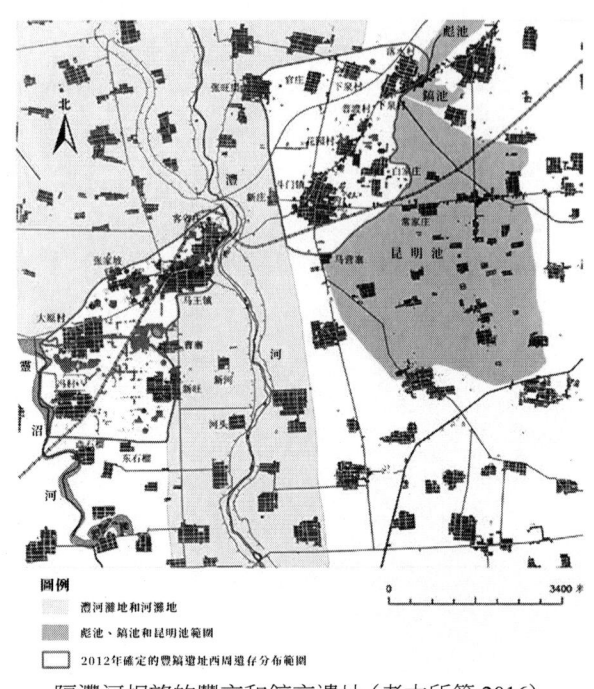

隔灃河相望的豐京和鎬京遺址（考古所等 2016）

在豐京遺址北部的馬王村和客省莊一帶曾發現西周時期的夯土基址建築群，夯土基址成組分布，已挖掘和探明了 14 座。其中最大的 4 號基址平面呈 T 字形，面積達 1,800 餘平方公尺。在附近還發現了用陶質水管鋪設的排水設施和殘瓦。此外，在夯土基址群所在區域內還鑽探出一條寬 10 餘公尺的大路，已探明的長度約 200 公尺。鎬京遺址的宮室建築及貴族居所，沿鄗塢嶺走向分布在滈河（故道）南岸高地上。在東西長 3 公里、南北寬 2 公里的範圍內，已發現西周時期的夯土建築基址 11 座。最大的 5 號宮殿基址平面呈「工」字

形，主體建築居中，兩端為左右兩翼對稱的附屬建築，建築總面積為 2,800 餘平方公尺。（陝西省所 1995）上述大型夯土建築基址群的發現，分別為探索豐京和鎬京的中心區域提供了線索。

此外，在豐京區域的張家坡、馬王村、新旺村等地發現多處銅器窖藏；在張家坡、客省莊和普渡村等地則發現了分布較為集中的西周墓葬及附葬的車馬坑、馬坑和牛坑等。位於豐京西北部的張家坡高崗地帶是一處大規模的西周墓地，在 20 餘萬平方公尺的範圍內已探明西周各個時期的大、中、小型墓葬 3,000 餘座。這處墓地由許多面積不等的小墓區組成，每區又以若干座大、中型墓為中心，附近排列著成群的小墓。在一些較大的墓葬附近多陪葬有馬坑或車馬坑。（考古所 1999）

豐京西周貴族墓隨葬車馬（左）、銅犧尊（右）

整個豐鎬遺址範圍內散布著眾多的一般居住址和中小型墓葬。此外還在多處發現有製陶和製骨作坊遺址，一些遺址

十一　西周三都的大格局

還出有鑄造銅器的外範和內模。

　　在豐鎬遺址範圍內，也沒有發現夯土城牆或圍壕等防禦設施。在豐京遺址，河流以及新發現的面積廣大的自然水面或沼澤地構成了天然的屏障，已如前述。至於鎬京外圍，誠如有學者指出的那樣，南、西、東三面都分布著河流，灃河則構成鎬京的北界。三條水道形成了護衛鎬京外圍的天然界河和圍壕。（盧連成 1988）

被冷落了的東都雒邑

　　西周初年,周王朝就著手在洛陽營建東都雒邑,以此作為經營東方、鞏固政權的重要基地。據《尚書·洛誥》記載,周公營建雒邑前召公曾來洛相宅,「我乃卜澗水東、瀍水西,唯洛食;我又卜瀍水東,亦唯洛食」,也就是說,所卜地望在澗水以東至瀍水之東、西兩岸而近於洛水者皆吉。鑑於此,雒邑應建於瀍、澗二水之間至瀍水兩岸一帶。

　　在現在洛陽市的瀍河兩岸一帶,數十年來不斷有西周時期的遺存被發現。這些遺存東西長約 3 公里,南北寬約 2 公里,總面積達 6 平方公里。貴族墓地、車馬坑、祭祀坑、大型鑄銅作坊遺址、一般居住址、平民墓地、窯址、大型道路等充斥其間,瀍河以東的塔灣村一帶則分布有殷遺民的墓區。(洛陽周王城天子駕六博物館 2019,劉餘力 2020)

　　但在瀍河兩岸一帶迄今並未發現夯土城垣。所以有學者認為《逸周書·作雒篇》中所謂「郛方七十里,南繫於雒水,北因於郟山」的「郛」應該並非指城郭,而是周圍的自然山川。西周雒邑的發現非常重要,但也許是因為沒有城牆,遺存分散,這處都邑遺址至今沒有被列為全國重點文物保護單位。這是非常遺憾的事。

十一　西周三都的大格局

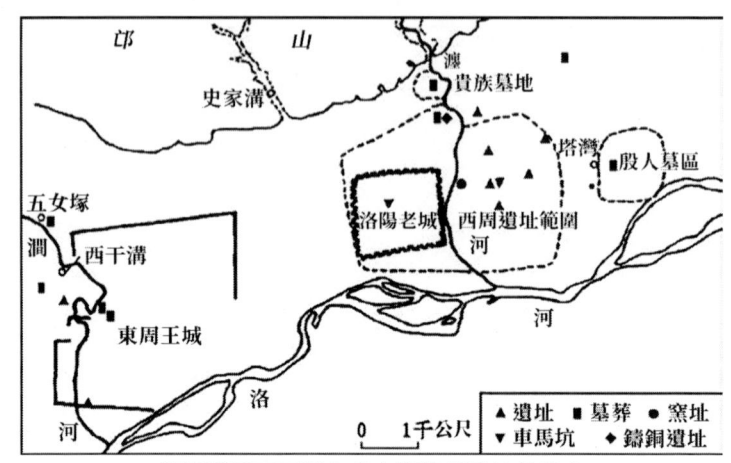

洛陽附近西周遺存分布與雒邑遺址的推定
（據葉萬松等 1991、飯島武次 2003 改繪）

洛陽北窯龐家溝出土銅方座簋（左）、鑄銅作坊出土陶方鼎範（右）

被冷落了的東都雒邑

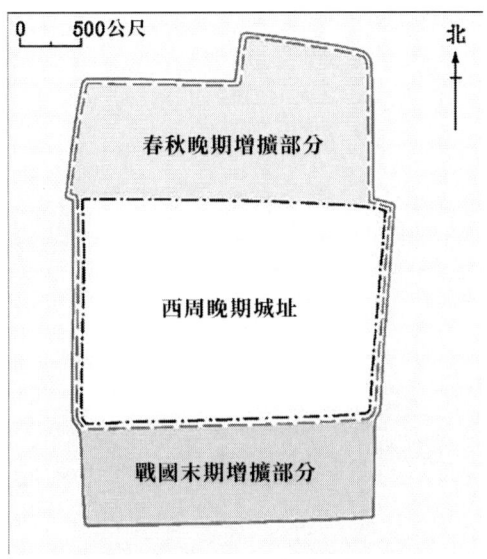

洛陽韓旗周城沿革示意（許宏 2017）

　　在這一區域以西的澗河兩岸，發現了不少西周晚期的遺存。其東的漢魏洛陽城下面，也發現了大致屬西周晚期的韓旗周城遺址，面積超過 4 平方公里，略呈橫長方形。（考古所洛陽漢魏城隊 1998，許宏 2017）至於西周晚期在成周舊地以東地勢更為寬闊的漢魏洛陽城一帶築城，有學者認為應該是出於「淮夷入寇」形勢下的軍事原因，因而瀍河兩岸的西周雒邑（成周），與漢魏洛陽城內的西周城應具有承繼關係。（徐昭峰 2019）更有學者認為漢魏洛陽城下夯土城垣建造的上限應在兩周之際或春秋早期，其始建年代與洛陽澗河之濱的東周王城同時，或與周平王東遷有關。（梁雲 2008）

一　西周三都的大格局

十二　東周列國的城建高峰

春秋戰國時代（西元前770～前221年）

十二　東周列國的城建高峰

西元前 770 年，周平王迫於戎狄襲擾，放棄豐鎬，東遷雒邑，到西元前 256 年，周為秦所滅。因為都城雒邑在舊都豐鎬之東，史稱東周。如以西元前 221 年秦王朝統一中國為下限，整個東周時代歷 550 年左右，又可大體分為春秋和戰國兩大時期。關於戰國時期的起始年代說法不一，目前學界多認可《史記·六國年表》的觀點，以周元王元年（西元前 476）作為春秋、戰國時期的分界。這一波瀾壯闊的時代，政治上列國分立，各自立都，多元競爭；經濟上手工業興盛，貿易繁榮；思想文化上百家爭鳴；軍事上兼併戰爭頻繁。

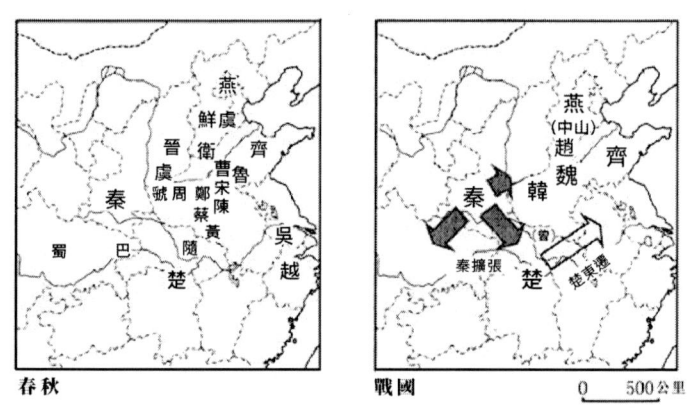

春秋戰國時代的國際形勢（據小沢正人等 1999 改繪）

與此同時，築城擴城運動大規模展開，《戰國策》形容為「千丈之城，萬家之邑相望」。具有防禦功能的城邑呈爆發式增長的態勢，迎來了繼龍山時代之後，以垣壕為主的中國城邑營建史上的第二個高峰期。據最新的統計，已公布資料或

見於報導的春秋戰國時代的城邑達 600 餘處，超過了本人統計的先秦時期全部城邑的半數。（許宏 2017）設防城邑林立，與諸國爭霸兼併、戰亂頻仍，進入分立的集權國家階段的政治軍事形勢是分不開的。至此，以夯土版築為特徵的華夏城邑群，擴大至東亞大陸宜於農耕的絕大部分地區。

十二　東周列國的城建高峰

「大都無城」的餘緒

　　透過對二里頭至秦漢時代都邑的梳理分析，我們知道其都邑布局的主流是「大都無城」，在絕大部分時段並未構築起外郭城的城牆。貫穿殷墟至西周時期 500 餘年歷史的「大都無城」的現象，甚至殘留到了周王朝末期的春秋時代。最新的發現與研究成果表明，在這一時期的若干都邑中，還保留著「大都無城」的聚落形態。這裡，我們試以洛陽東周王城、侯馬晉都新田、荊州楚都紀南城和鳳翔秦都雍城為例分析之。

東周王城

　　東周王城城址位於中原腹地洛陽盆地內澗河和洛河交匯處，現河南省洛陽市區內。最新的研究結果表明，東周王城城牆的始築年代不早於春秋時期，不晚於戰國時期。與此同時，檢核歷年來東周王城遺址的考古發現，以戰國時期的遺存最為豐富，包括夯土建築基址、道路、糧倉、窯場居住址、水井、灰坑和墓葬等。早年參與挖掘工作的學者已指出該城的繁榮時期當在戰國。尤為重要的是，新世紀以來對東周王城東城牆的多次解剖挖掘，都證明其始築年代已入戰國時期，戰國中晚期又進行了增築。從春秋遺存的分布上看，

「大都無城」的餘緒

平王東遷之王城也應在遺址範圍內,只不過春秋時期的王城沒有郭城。東周王城的城牆始築年代是在戰國時期。（徐昭峰 2019）

在宮殿區東北一帶,屢有東周時期帶墓道的大型墓葬和車馬坑、殉葬坑發現。建於戰國時期的東周王城東城牆內外春秋時期的高等級墓葬和車馬坑連為一體,表明這一帶都應是春秋時期王陵區的組成部分。值得注意的是,上述現象,暗示著戰國時期修建郭城城牆時,已無視春秋時期高等級墓地甚至王陵區的存在,而將其攔腰截斷。

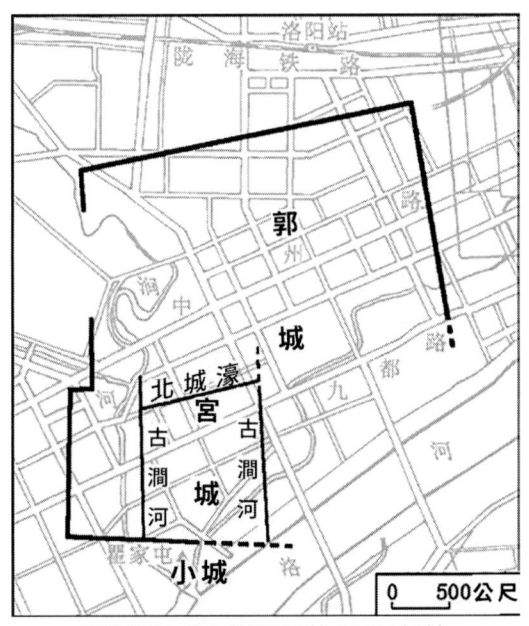

洛陽東周王城（據徐昭峰 2019 改繪）

十二　東周列國的城建高峰

洛陽「天子駕六」車馬坑

至少名義上延續周王朝國祚的春秋時期的周王城，在聚落形態上也延續了西周王朝都邑「大都無城」的布局傳統，這是很耐人尋味的。

晉都新田

晉國晚期都城新田遺址位於山西省侯馬市市區附近。整個新田遺址在東西 9 公里、南北 7 公里（實際面積在 40 平方公里）的範圍內分布著 7 座小城及宮殿基址，盟誓、祭祀遺址，鑄銅、製陶、製骨、石圭等手工業作坊遺址，居住遺址和墓地等大量遺存，時代約當春秋中期至戰國早期。整個都邑遺址沒有外郭城，澮河和汾河在都邑以西交會，形成天然屏障。

在已發現的 7 座城址中，3 座較大的相互連線，呈「品」字形，應是當時晉國公室的宮城所在。位於其東面的 4 座城

「大都無城」的餘緒

址規模都較小,其主人應當屬擁有相當權勢的卿大夫一類人物。位於侯馬市西南15公里的澮河南岸峨嵋嶺北麓的新絳縣柳泉的一處大型墓地,面積約15平方公里,由陣列大墓及陪葬於周圍的中、小型墓組成,時代大體屬春秋中期到戰國中期,與侯馬晉國遺址時代一致。調查挖掘者推測該墓地應為晉公陵墓區。(山西省所侯馬工作站1996)

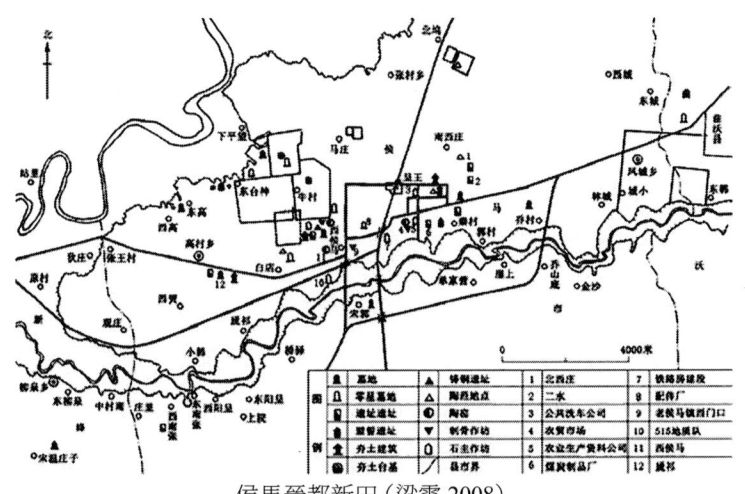

侯馬晉都新田(梁雲2008)

著名考古學家俞偉超先生在論述東周城市布局的總體特點時指出,「居民區從分散的狀態到集中在一個大郭城內,看來是經過了一個逐步變化的過程」,而晉都新田應是從西周的分散狀態到戰國時城郭並舉的都邑發展的一個中間環節,「也許,商代至西周都城分散的居民點,到此時在某些都城已發展成分散的幾個小土城;戰國時,又集中為一個大郭城」(俞

十二　東周列國的城建高峰

偉超 1985)。可知晉都新田在西周時代的「大都無城」和東周時代的城郭盛行之間，具有承上啟下的歷史地位。

楚都紀南城

　　湖北省荊州紀南城遺址位於長江北岸。據考古資料，圈圍面積約 16 平方公里的紀南城城牆的始建年代不早於春秋晚期，城周圍已挖掘的楚墓的修建年代絕大多數也為春秋晚期至戰國中晚期之交。對紀南城南城牆最新的挖掘成果則表明，城垣的始築年代不早於戰國早期。（湖北省所 2015）這大體上表明了該城的繁榮時間。

　　文獻記載表明春秋時期的郢都可能在一段時間內並無郭城，郭城城牆工程經歷了一個不斷擴建增修的過程。關於楚國「城郢」的記載數見於《左傳》，表明到了春秋晚期時，郢都仍然沒有完全閉合可以禦敵的城牆。可知伴隨著頻繁的國內政治鬥爭，楚國都城城牆的建築大概也經歷了較為曲折的過程；現存郢都城城牆則是隨著楚國國勢的日益強盛而不斷擴展增築的結果。

「大都無城」的餘緒

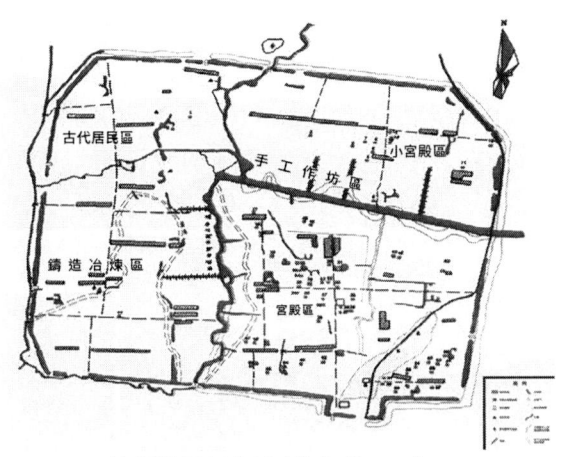

荊州楚都紀南城（徐文武 2016）

有學者由分期入手，對楚都紀南城做了動態解讀。由其分析可知，郢都在春秋時期並無大城。而楚都紀南城現存的城垣與遺存布局，反映的是戰國時期楚都的情況。另有學者更推定楚都只存在於戰國中期至戰國晚期之際，或紀南城應是戰國中、晚期的楚郢都。（許宏 2017）無論如何，帶有外郭城的紀南城屬於戰國時期，是沒有問題的。

秦都雍城

春秋至戰國早期的秦國都城雍城遺址，位於陝西省鳳翔縣城南，地處關中平原西部的渭水北岸。

現知整個雍城遺址由城址、秦公陵區、平民墓地和郊外建築基址等遺存組成，分布範圍約 51 平方公里。最新的考古

199

十二　東周列國的城建高峰

發現表明，秦國在以雍城為都近 200 年之後的戰國時期才開始構築城牆。初期雍城外圍分別以四周的雍水河、紙坊河、塔寺河以及鳳凰泉河為界，自然河流成為主要城防設施。以水圍城，並將臨水的河谷挖深，使河堤陡直、河岸增高以加強城防安全。（田亞岐 2013）

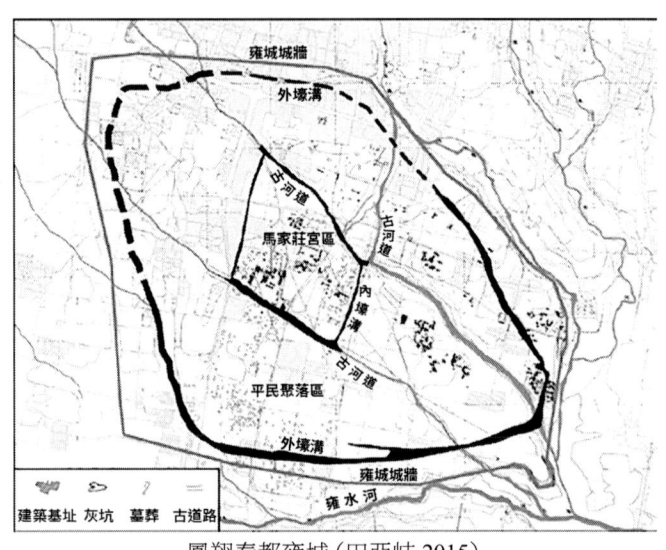

鳳翔秦都雍城（田亞岐 2015）

在城址區範圍內，各聚落之間形成廣闊的空隙，其間除道路遺跡外，沒有發現雍城為都邑時期的居址、作坊或其他活動遺跡，挖掘者推斷當為農田區域。這表明都邑的布局是偏於鬆散的。

城址西南 10 公里的三畤塬，是秦公陵園區所在。陵區東西長約 7 公里，南北寬近 3 公里，總面積達 21 平方公里。已

探明的 14 座分陵園占地面積 200 萬平方公尺，發現大墓及車馬坑、祭祀坑等 50 餘座。已挖掘的秦公 1 號大墓全長 300 公尺，總面積達 5,300 餘平方公尺，是已挖掘的先秦墓葬中最大的一座，初步確認大墓的墓主人應為春秋晚期的秦景公。（寶雞先秦陵園博物館 2010）

陝西鳳翔秦公 1 號大墓

　　綜上所述，國勢相對強盛的二里頭至西周時期「大都無城」的狀態，並未隨著戰亂頻仍的春秋時代的到來戛然而止，而因其歷史慣性有所殘留，這顯然是我們深入了解春秋時代社會的又一個重要線索。到了兼併戰爭更為慘烈的戰國時代，「大都無城」的現象才基本退出了歷史舞臺，中國歷史進入了一個「無邑不城」的新的發展階段，與春秋時代又不可同日而語。

十二　東周列國的城建高峰

城建高峰面面觀

　　總體上看，春秋時期開始興起的築城運動可分為以下兩種情況：

　　第一，各國政治上相對獨立性的增強，國與國之間戰爭的日漸頻繁，導致各國從自身利益出發，在原本沒有垣壕的邑落，尤其是地處邊鄙要塞的邑落普遍構築防禦工事，原有城邑也大多突破西周以來的築城規制，不斷增築擴充。絕大部分城池都是出於軍事目的而修築的。

拱衛趙都邯鄲的河北隆堯柏人城遺址

　　第二，如果說春秋前期主要是諸侯國間兼併的話，那麼到了春秋後期，列國內部都經歷了劇烈的社會變革，進入了卿大夫兼併的階段。在這一過程中，大夫采邑也逐漸突破等

級城制的約束，逾制築城者屢見不鮮。到了春秋晚期，卿大夫采邑築城已成了普遍的現象。

　　舊的等級城制遭到破壞，新的城市不斷湧現，春秋時期正處於這一大歷史變革的過程中。這一過程充滿著新舊間的矛盾和鬥爭，春秋時期的築城運動也因此帶有極為濃厚的過渡色彩，為戰國時期城市的最終轉型與全面發展奠定了基礎。進入戰國時期，政治上兼併戰爭愈烈，七雄爭霸的局面最後形成；經濟上，鐵器的廣泛使用和農業的發展促進了整個社會經濟的繁榮及人口的大量增長。城市的空前發達與性質的轉變是這二者互動作用的直接結果。

　　這一時期的城址數量激增，除大量新築城外，春秋時期的城址在此期也多被補修增築而延續使用，規模比以往更大。興築於戰國時期的七雄都城如趙都邯鄲、齊都臨淄、楚都壽春、秦都咸陽、燕之下都的面積都已達 20～30 平方公里。至此，列國境內已是無邑不城了。

　　戰國時期大規模築城運動中出現的新的城址類型，主要有以下兩種：

　　一是郡縣城。進入戰國後，各國普遍實行了郡縣制，由是形成了國、郡、縣、鄉等一套較為系統健全的統治機構。設縣之處必有城，城市之邑多為縣，所以史書上往往「城」與「縣」互稱。這種類型的城址，最突出地反映了春秋戰國之

十二　東周列國的城建高峰

際城市性質的變化，即城市的構成由建立在宗法制度基礎上的王城、相對獨立的諸侯國都及卿大夫采邑，變為集權國家的都城及作為其股肱的地方行政管理機構——郡縣城。可以說，作為中央集權統治的有力工具，郡縣城的出現，為秦漢時代大一統局面的最終形成打下了基礎。

二是軍事城堡。最初出現的郡縣城都位於邊地，一般都具有濃厚的軍事防禦或擴張的色彩。從這個意義上講，這些郡縣城本身就帶有軍事城堡的性質。春秋及其以前的國土的概念是由「國」與「野」組成的「點」而非領土國家那樣的「面」，春秋時代也往往不在國境和險要地帶屯兵設防，因此可以說，軍事城堡的大量出現，是戰國時期領土國家產生之後的事情。進入戰國時期，隨著戰爭的加劇，各國都在邊境和交通要道上利用山川之險修築關塞，設定亭、障。亭是瞭望臺；障則是規模較大的城堡，設尉卒駐守。（許宏 2017）

另一方面，隨著戰國時期社會經濟的迅速發展，官營手工業的「工商食官」制度解體、私營工商業力量成長壯大，城市的工商業高度繁榮。作為政治、軍事中心的城市，一般也是工商業發達的都市。城市作為商業貿易中心的經濟職能的大幅度增強，也是春秋戰國時期城市轉型與發展的重要指標，在中國城市發展史上具有劃時代的意義。

| 城建高峰面面觀 |

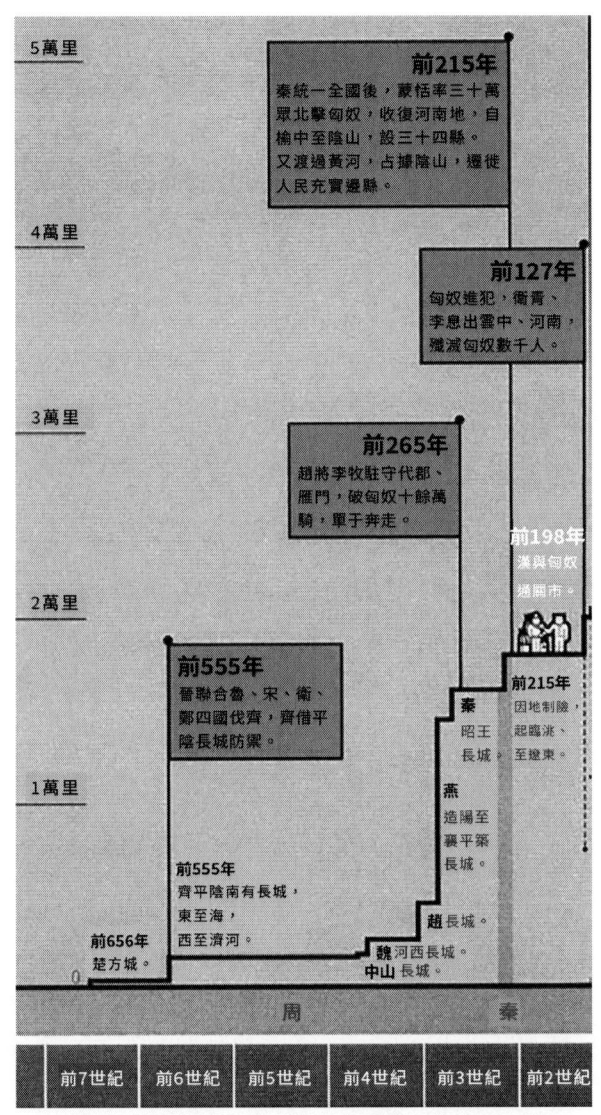

先秦至秦代的長城大事件（帝都繪工作室 2019）

前215年
秦統一全國後，蒙恬率三十萬眾北擊匈奴，收復河南地，自榆中至陰山，設三十四縣。又渡過黃河，占據陰山，遷徙人民充實邊縣。

前127年
匈奴進犯，衛青、李息出雲中、河南，殲滅匈奴數千人。

前265年
趙將李牧駐守代郡、雁門，破匈奴十餘萬騎，單于奔走。

前198年
漢與匈奴通關市。

前555年
晉聯合魯、宋、衛、鄭四國伐齊，齊借平陰長城防禦。

前215年
因地制險，起臨洮、至遼東。

秦 昭王長城

燕 造陽至襄平築長城。

前555年
齊平陰南有長城，東至海，西至濟河。

趙 長城。

前656年
楚方城。

魏 河西長城。
中山 長城。

周　　　秦

前7世紀　前6世紀　前5世紀　前4世紀　前3世紀　前2世紀

205

十二　東周列國的城建高峰

宏觀：列國城邑分割槽

　　從空間分布上看，東周列國的城邑可以劃歸 6 個大的文化區。本書的分割槽方案，主要採納了《東周與秦代文明》（李學勤 2017）中文化圈的劃分方式並有所調整。以各文化區納入華夏文明體系的先後為序：

　　中原文化區：以黃河中游地區的周王朝、晉國及後來的三晉（韓國、趙國、魏國，不含趙國北部）為中心。

　　齊魯文化區：以黃河下游地區的齊國、魯國為中心。

　　楚文化區：以長江中游地區的楚國為中心，及於淮河流域大部的楚文化影響區。

　　吳越文化區：以長江下游地區的吳國、越國為中心。秦文化區：以關中地區的秦國為中心。

　　北方文化區：以晉陝高原北部至燕山南北的燕國、趙國北部及中山國為中心。

　　其中，中原文化區與北方文化區，中原文化區與楚文化區的交會地帶較為模糊，大致以現甘肅慶陽，陝西延安，山西呂梁、太原、陽泉，河北石家莊、保定、廊坊和天津市的南界為中原文化區北限；以現河南南陽、漯河、周口市的北

宏觀：列國城邑分割槽

界為中原文化區的南限（平頂山市南部的葉縣、舞鋼市，劃為楚文化區）。

在上述 6 大文化區城邑集中分布地域以外，還見有零星城邑，可以透過它們大致推定「華夏城邑群」的分布範圍。而西南文化區以巴國、蜀國、滇國等為中心，基本不見圍垣、環壕，或多以柵欄、籬笆等為區隔／防禦設施。

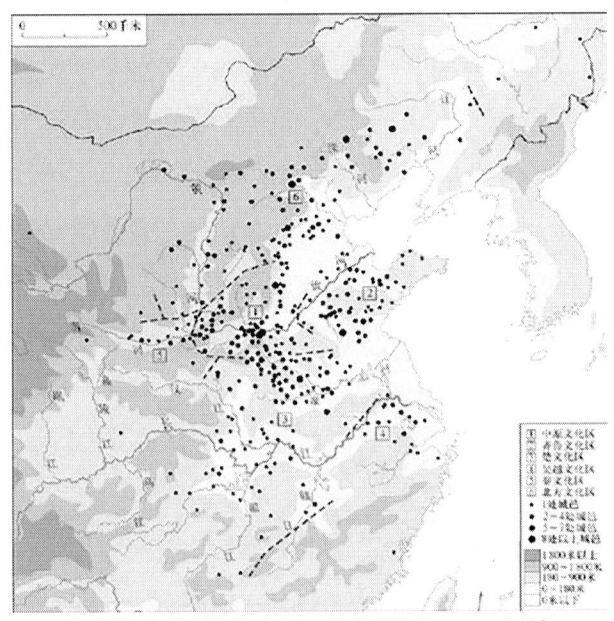

春秋戰國時代城邑分布示意（據許宏 2017 改繪）

十二　東周列國的城建高峰

微觀：城邑形態分析

　　從平面形制上看，春秋戰國時代的城址大多呈長方形或方形，相對較為有序，有較明確的方位意識。這首先與夯土版築城垣的建築技術有密切關聯，同時也是因城址一般地處沿河的高地或平原地帶，可以使規劃設計得到最大限度的實現。少量的不規則形城址，大都坐落於丘陵地帶，依河流走向或地勢起伏築建城垣，則是因地制宜的產物。比如以河澗為屏障的偃師滑國故城、劉國故城，因山勢築城的平山中山靈壽城、龍口歸城和鄒城邾國故城等。即便是較為有序的城址，也只是講求大致的方正，是總體設計與因地制宜的有機結合。正如《管子‧乘馬》中所言：「凡立國都，非於大山之下，必於廣川之上。高毋近旱而水用足，下毋近水而溝防省。因天材，就地利，故城郭不必中規矩，道路不必中準繩。」在築城規制上顯現出更多的務實思想。

　　在春秋戰國時期城邑的具體布局上，我們尚未發現成為主流的、帶有規律性的所謂模式。許多城邑的布局格式是隨著城市社會的迅速發展，在老城區之外擴建新城區而形成的。因新的城市形態產生於不斷「違制」的過程中，各國在政治上又處於分裂狀態，故在都市計畫方面不可能有統一的體

> 微觀：城邑形態分析

制或模式，都是因地制宜地向外發展。《考工記·匠人》所載回字形內城外郭的方正布局沒有現實的例證，著名史學家楊寬先生提出的「西邊小城聯結東邊大郭」的格局成為這一時期都邑布局之主流的看法（楊寬 1993），也未得到考古學上的證明。內城外郭只是相對而言，以主要諸侯國都邑為主的各城邑在城郭安排上極具靈活性，小城的一面或兩面城牆利用大城城牆的做法較為普遍，城郭分立的例子也並不鮮見。因此，將這一時期的城郭布局概括為「兩城制」（徐蘋芳 1995）是十分恰當的。同時，雖然主體建築已有按中軸線布置的意向，但多著眼於宮殿區區域性，如邯鄲趙王城以龍臺為核心的宮殿區中軸線布局、燕下都以武陽臺為中心的宮殿中軸規劃等。總的看來，這一時期尚未形成像後世那樣較為嚴格、有序的都城中軸線布局，對於宮殿區以外的建築並無嚴格的規劃和安排。

山東龍口歸城遺址

十二　東周列國的城建高峰

趙都邯鄲趙王城「龍臺」鳥瞰

　　這些城邑在規模、結構與內涵上存在著顯著的差異。內外結構即狹義的城郭結構（內城外郭），又被稱為「集聚型城（concentric city）」；並列結構則可看作一種廣義的城郭結構（城郭並立），又被稱為「雙城（double city）」。（Steinhardt 1990）後者一般僅見於戰國時代，或為狹義城郭結構的一種破壞形式。上述兩種複合式區隔方式集中見於較大型的城邑，尤其是都邑。

都邑格局的鉅變

都邑格局的鉅變

　　依據考古發現，始建於春秋時期的城址已經多見有城郭布局。據文獻判斷，鄭國都城新鄭在春秋中期已有郭城，現在已被考古發現所證明。《左傳》中所記修築郭城的事例最早見於西元前 648 年。可知至少到春秋中期，諸侯國都城已較為普遍地興築起外郭城了。進入春秋晚期以至戰國，則普通城邑也多有城郭了。

　　外郭的建造大多是伴隨著舊城的改造與擴建同時進行的，戰國時期新建的城池則直接採用了城郭兼備的形式。從這個意義上講，郭是等級城制的破壞形式。另一方面，春秋戰國時期人口的增長大量集中於城市，以及隨之而來的市民社會地位的提高、城市經濟的發展，既為外郭城的築建提供了必需的人力與物力，同時也是促使其產生的一大動力。所謂「造郭以守民」之「守民」，適切地道出了外郭城築建的社會經濟和軍事意義。

經濟職能與民居規劃

　　從中原早期王朝以宮廟為核心的政治性都邑到由主要作為政治中心的城和主要作為經濟中心的郭兩大部分共同組成

十二　東周列國的城建高峰

城市,這是與郡縣城的出現並列的、昭示著春秋戰國城市性質轉變的最重要的表現之一。隨著城市商品經濟的發展,位於郭內的閭里及工商業迅速增長,特別是「市」已發展為城市各階層居民進行公共交換甚至社會活動的場所,成為城區內的一個極其重要的組成部分。而主要位於宮城內的宮室用地雖相應地有所擴大,但與郭城相比則又相對地有所減少。可以說,把「城」與「市」融為一體的城市是在戰國時期開始出現的。

　　與前代相比,這一時期城市所具備的經濟職能是頗令人矚目的。不少都邑如齊都臨淄、燕下都、秦都咸陽的宮殿區內或其近旁都分布著若干手工業作坊,有些規模甚大,性質重要,說明這一時期的官府手工業還占有較大的比重。同時私營工商業迅速發展,各都邑郭城內所發現的門類齊全的各種手工業作坊,大部分應該屬於這一類。與之相應的是商品經濟的興盛發達,其集中表現莫過於市場。市場不易留下確切的痕跡,所以在考古挖掘中比較難以辨識。根據學者對出土陶文的考證分析,戰國時期的齊、燕、秦等國的都城都設有若干市,可知這一階段是實行一城多市制的。(裘錫圭1980,宋鎮豪1990)工商業的發達導致了城市經濟的繁榮,一派昇平景象。至此,城鄉分化已脫離了半城半鄉的初始狀態,城市經濟和城市生活達到非常繁榮和集中的程度,城市的發展進入了一個新的階段。

> 都邑格局的鉅變

　　與城市經濟的發展相對應，這一時期城市的居民構成也發生了很大的變化，新的民居規劃逐漸形成，與之相應的較嚴格的民居規劃與管理體制開始出現。首先是居民區從分散狀態逐漸集中於郭城之內，郭城內分布著官署、居住區、手工業作坊和商業區。把百姓安排於郭城內，則外可禦敵，內可防亂。從傳世文獻和陶文等出土文物所提供的資訊來看，郭城內的居民以里為基本的居住單位。這種新的居住單位，已經是一種地域組織，但同時聚族而居的傳統仍有保留。（李學勤 1959）實際上這種傳統在中國歷史上長期存在。由文獻可知，這一時期的里周圍築有密閉的圍牆，里門稱「閭」，設官吏管理。到了秦代，里已逐漸由地域組織演變為基層行政組織。

戰國七雄的貨幣（秦始皇帝陵博物院 2019）

十二　東周列國的城建高峰

從內城外郭到城郭並立

　　一些學者主要依據文獻資料對春秋時期的城郭布局進行了復原,認為將宮城置於郭城之中是這一時期城郭布局的正體。如《春秋》中兩次提及的魯「城中城」之「中城」,一般認為應即魯城內的宮城所在。如前所述,由《左傳》《史記》中圍城焚郭等事件所提供的線索,可知春秋姜齊都城也是郭內有宮城,且位於中心地帶。這一推斷在考古學上亦有線索可尋。春秋時期的新鄭鄭都,始建於春秋晚期的楚郢都紀南城、魏都安邑禹王城都大致有內城外郭的布局。

　　從現有的考古資料看,凡戰國時期新建或改建的都邑,格局都為之一變,出現了將宮城遷至郭外或割取郭城的一部分為宮城的新布局。這種變化似乎還可以更為簡潔地概括為從內外結構(內城外郭)變為並列結構(城郭並立)的形式。就城郭的相對位置而言,戰國時期的列國都邑大體上可分為兩類:一是宮城在郭城之外,如臨淄齊故城、新鄭韓故城、邯鄲趙故城等;二是割取郭城的一部分為宮城,如曲阜魯故城、易縣燕下都(利用河道分割宮城與郭城),楚都紀南城似乎也可以歸入此類。如果說內城外郭的格局是春秋時期「衛君」的最佳設防,那麼隨著社會矛盾的日益尖銳,各國統治者竭力使自己的棲身之所脫離居民區的包圍並滿足其恣意擴建宮室的奢欲,似乎就成為戰國時期各國都邑新格局出現的

主要原因。而軍事、國防設施等的長足進步，也使宮城單獨設防成為可能。伴隨著主要諸侯國都邑規模的巨大化，宮城的規模也較之春秋時期大幅度擴展，構成了戰國時期都邑建制的一個顯著特點。（許宏 2017）

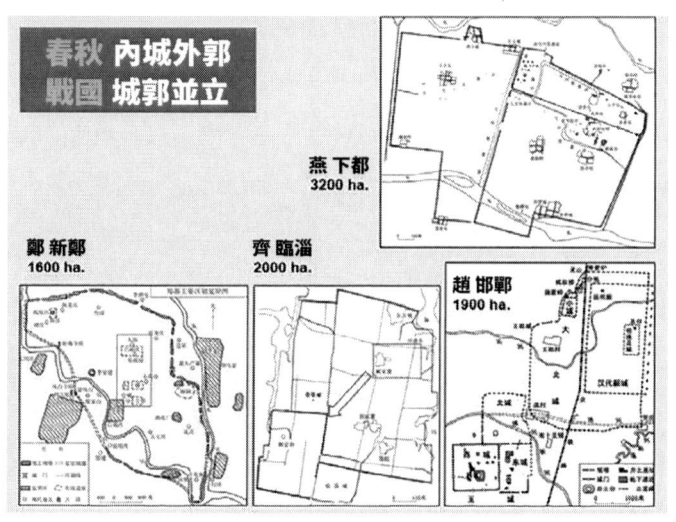

從內城外郭到城郭並立

透過對秦漢時代都邑的分析，我們知道春秋戰國時期城郭布局的興盛和形態變化，在中國古代都城發展史上，是前無古人後無來者的。它似乎只是特定歷史時期的產物，並非都邑單線進化史上一個必然的連續。這一特徵，我們還可以透過下文中對秦漢城市的簡略分析得到更深切的認知。

十二　東周列國的城建高峰

十三　帝都不設防的霸氣

> 秦漢時代
> （西元前 221～西元 190 年）
> 秦漢時代大一統局面的形成，社會經濟的持續繁榮以及邊地的大規模開發，促進了城市的進一步發展。幾座大型帝都更是以新的風貌傲立於世。

十三　帝都不設防的霸氣

秦都咸陽：有城還是無城

　　在對秦國都城的研究中，有學者提出了「非城郭制」的概念。持這種觀點的學者指出，與興盛於東方列國的「兩城制」的城郭形態不同，從雍城到咸陽，秦國都城一直採用了一種「非城郭制」的格局，並對漢代國都的城市布局產生了深遠的影響（韓國河等 1992）。的確，在戰國時期城郭布局盛行的大勢中，秦都咸陽尤其給人一種「異類」的感覺。

　　秦都咸陽是戰國中晚期秦國及秦王朝的都城。遺址位於關中平原中部的咸陽原上、渭水兩岸。據《史記·商君列傳》，秦孝公十二年（西元前 350），「作為築冀闕宮庭於咸陽，秦自雍徙都之」。到秦二世三年（西元前 207）秦王朝滅亡，秦以咸陽為都共 140 餘年。

　　秦都咸陽城的考古工作開始於 1950 年代末期，雖然發現了大量與秦都咸陽密切相關的各類遺存，但迄今尚未發現大城城垣，都城的形制布局也不甚清楚。

　　秦都咸陽所處地勢北高南低，由渭河北岸的咸陽原向渭河河谷逐漸低下。在地勢高敞的咸陽原上，已發現了由 20 餘處夯土建築基址組成的龐大的宮室基址群。在這一範圍內

秦都咸陽：有城還是無城

大體居中的位置，還探明了一處東西向、長方形的夯土圍垣設施，面積達數十萬平方公尺。圍牆修築於戰國時期，挖掘者認為應是秦都咸陽的宮城——咸陽宮遺跡。（王學理 1999，陝西省所 2004）

秦都咸陽北坂 1 號宮殿基址

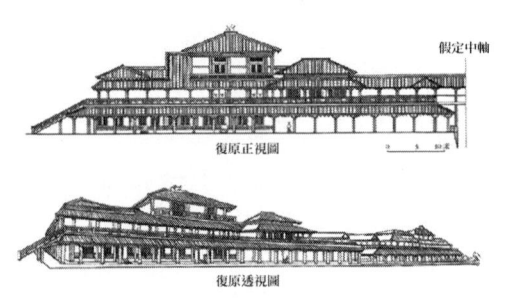

秦都咸陽北坂 1 號宮殿建築復原（陶復 1976）

如何解釋秦都咸陽遺址不見外郭城牆的考古現狀，學者們意見殊異。長期從事調查挖掘的王學理先生將諸多觀點歸納為「有城說」和「無城說」兩大類，「有城說」又包括以下幾種不同的解釋：

219

十三　帝都不設防的霸氣

一是「水毀說」，傾向於城址全部毀於渭河的沖決。

二是「臨水說」，也可以說是「半毀說」。此說認為儘管渭河北移，但城址主要部分並未被沖掉。

三是「水郭說」，推測存在一個沒有城牆、「四面環水」的郭城。

「無城說」的代表人物就是王學理先生。他指出，秦都咸陽實際是個有範圍而無軸心、有宮城而無大郭城的城市，在布局上呈散點分布的交錯狀態，作為政治中樞的中心建築也未定型，這一狀況的出現，是由於秦國處於特定的歷史條件。針對「半毀說」，王學理指出，「如果渭水北移沖去咸陽的一部分，勢必在今北岸的地層中留下兩處牆基斷岔。但迄今在這一帶沒有發現有關城的任何痕跡」，「幾十年來考古工作者的多人多次勘查竟未獲得蛛絲馬跡的線索，不能不說是一個重要的資訊」。他注意到咸陽的宮室眾多，多設宮城，宮自為城，衛星城星羅棋布，再加上首都地域遼闊，就未必再築咸陽大城。（王學理 1999）

目前，支持「無城說」的學者呈增多的趨勢，他們大體一致的意見是：秦都咸陽是一個缺乏統一規劃的不斷擴展的開放性城市，其範圍從渭北逐步擴大到渭水以南，最終形成了橫跨渭水兩岸的規模。（許宏 2016）有學者更論證秦都咸陽的外郭無垣，除了戰時「無暇作長治久安式的全景規劃」，還

秦都咸陽：有城還是無城

應與統治者心中的「天下」、「宇內」思想的成熟有關。（梁雲 1998）

看來，關於秦都咸陽的布局結構，還有待進一步探究。

從文獻記載和考古發現看，隨著秦的國勢漸強和兼併戰爭的不斷深入，約當戰國中晚期之交，秦都咸陽開始向渭河以南擴展，多處宮室苑囿應始建於此時。就目前的資料看，秦都咸陽外郭城城牆尚無考古線索可尋。在渭河兩岸幾十平方公里的範圍內，各類遺存分布廣泛，取開放之勢。秦始皇時更積極向渭南發展，「乃營作朝宮渭南上林苑中，先作前殿阿房……周馳為閣道，自殿下直抵南山。表南山之巔以為闕。為復道，自阿房渡渭，屬之咸陽，以象天極閣道絕漢抵營室也」（《史記·秦始皇本紀》）。分布於咸陽城周邊的這些離宮別館是整個都城的有機組成部分。可以說，直至秦末，秦都一直處於建設中，範圍不斷擴大，整個城市的重心也有南移的趨勢。

十三　帝都不設防的霸氣

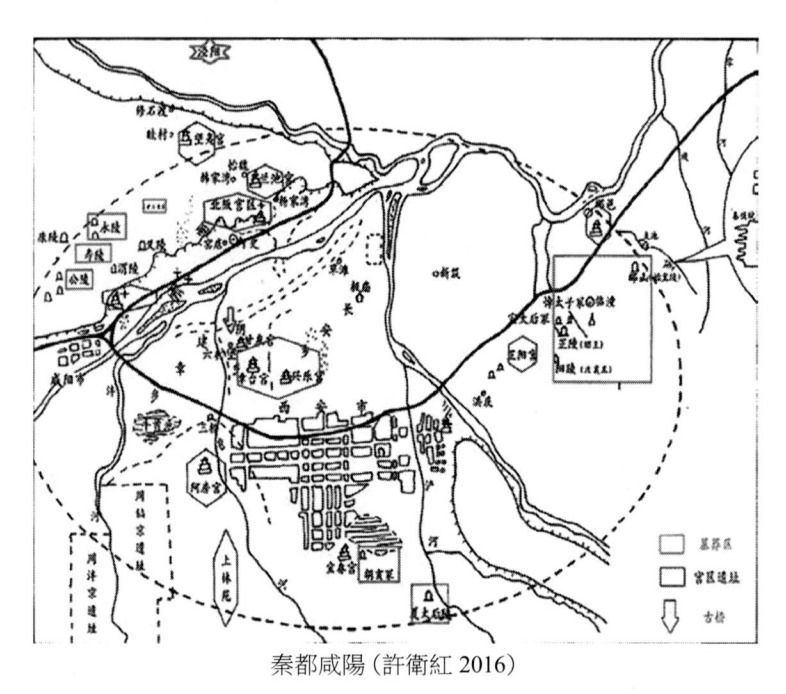

秦都咸陽（許衛紅 2016）

　　同時，秦王朝還劃都城所在地區為「內史」，建立以咸陽城為中心的京畿，並「徙天下豪富於咸陽十二萬戶」（《史記‧秦始皇本紀》）以充實之，形成更大規模的首都圈。從某種意義上講，秦都咸陽是一座未完成的城市。

漢長安：是城還是郭

　　位於現西安市西北郊的漢長安城，是西漢王朝和新莽王朝的都城。都城始建時間在西元前 202 年，整個都城歷史 200 餘年。1956 年以來大規模的系統調查、鑽探與挖掘，使得這座都邑的面貌不斷清晰起來。（劉慶柱等 2003，考古所 2010A）

　　漢長安城南倚龍首原，北臨渭河，周圍地勢開闊，由南向北緩緩傾斜，城垣圈圍起的面積約 34.4 平方公里（原測量數據為約 36 平方公里）。依最新的估算結果，漢長安城中宮室建築的面積近 17 平方公里，占據了整個城市面積的近二分之一。

　　據文獻記載，城牆是漢惠帝時圍繞著先期已建好的長樂宮、未央宮及武庫、太倉等重要建築而興建的，而且西、北方向遷就河流走向，所以城址的形狀不甚規則。漢武帝時國力強大，除在城內修建了北宮、桂宮和明光宮等宮室建築，還在城西興建了規模宏大的建章宮，在城西南整修擴建了上林苑等離宮苑囿。西漢末年和新莽時期，又在城南郊修建了「九廟」和明堂、辟雍等禮制建築。

223

十三　帝都不設防的霸氣

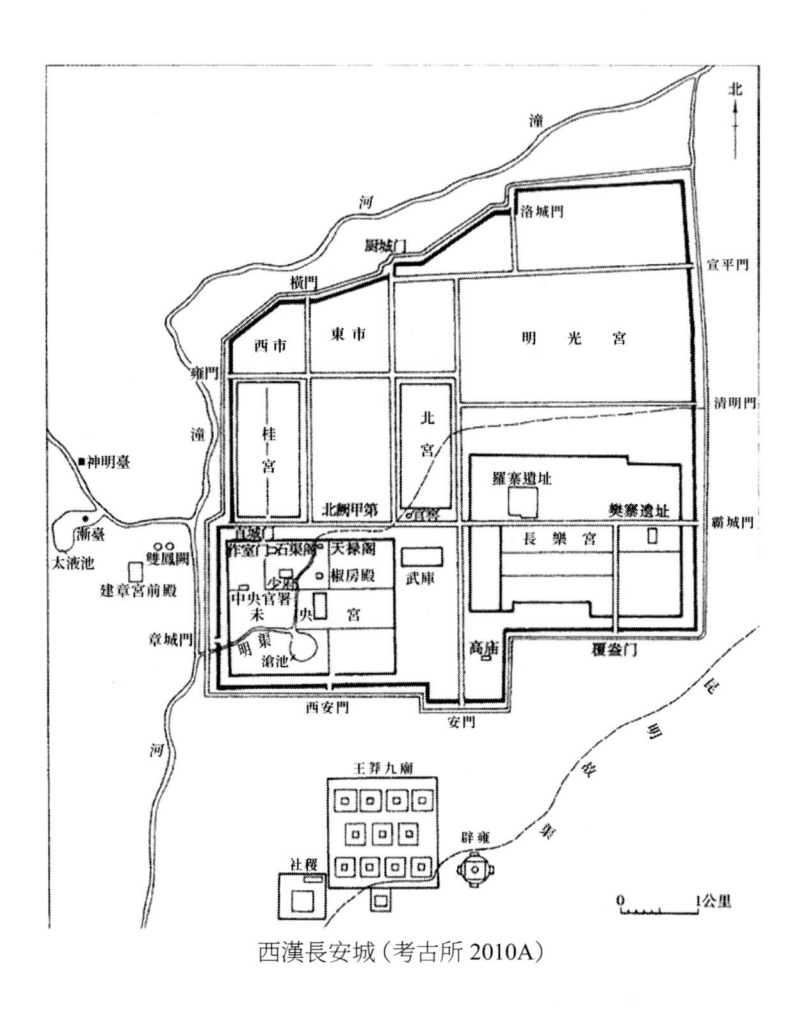

西漢長安城（考古所 2010A）

漢長安：是城還是郭

漢長安城未央宮椒房殿基址

就是這樣一座長安城，卻引起了巨大的爭議。爭議的最大焦點是：用城垣圍起的長安城，究竟是城還是郭？

漢長安城的城址面積小於早它 1,000 餘年的商代晚期都城安陽殷墟遺址群（約 36 平方公里），略大於戰國時代城址面積最大的諸侯國都城——燕下都（約 32 平方公里）。可見，假若城址就是作為一代帝都的漢長安的外郭城即全部都邑的範圍，它真的並不算大。

針對漢長安城發現以來的主流觀點——30 多平方公里的城址就是漢長安城的外郭城，著名歷史學家楊寬提出了不同的意見。他認為漢長安城很明顯屬於宮城（即內城）的性質，長安城內，主要由皇宮、官署、附屬機構以及達官貴人、諸侯王、列侯、郡守的邸第所佔據，一般居民的「里」所

十三　帝都不設防的霸氣

占面積不大，而且從長安城的發展過程來看，它就是由宮城擴展而成的。（楊寬 1993）

對此，主持長安城田野考古工作的劉慶柱認為，確認漢長安城為宮城的論點是不能成立的。因為歷代宮城中都沒有一般居民的「里」夾在其中。就此而言，如果承認漢長安城中有一般居民「閭里」的話，那麼它就不可能是宮城。因為宮城是圍繞皇宮（或王宮）修築的城。（劉慶柱 1987）楊寬則申論道，這種宮城不同於後世只建皇宮的宮城。若以後世的都城制度來衡量，這種宮城就具有內城的性質。

二者對宮城概念的不同解釋，差異在於楊寬取的是廣義，而劉慶柱取的是狹義。其實，內城、小城、宮城本不易做明確的劃分。小城、內城、宮城在一定情況下通用，應是有其合理性的。

其實，從關於長安城的幾種經典性論著中，就可以窺見學術界對這座帝都形態認知上的變化。在 1984 年出版的考古研究書籍中，編寫者當時即指出「整個長安城主要是作為帝王與貴族官僚的專用城市而存在的」，同時把城南郊和東郊的禮制建築遺址作為長安城的組成部分加以介紹。（考古所 1984）隨後出版的《中國大百科全書・考古學》「漢長安城遺址」條中，還提及上林苑和昆明池。（《考古學》編輯委員會等 1986）

漢長安：是城還是郭

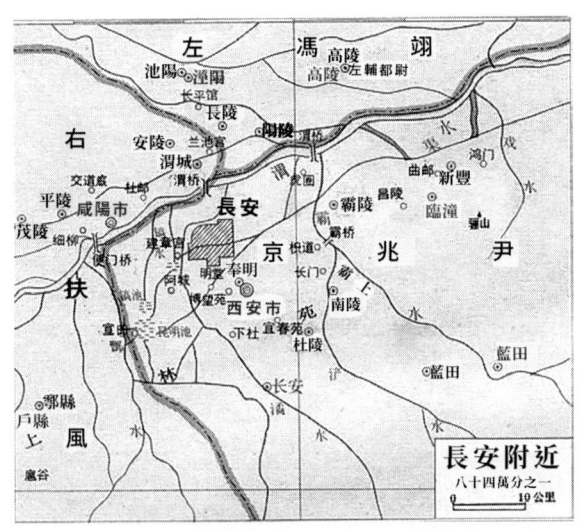

西漢長安附近遺跡分布（譚其驤 1982）

最新確認的漢文帝霸陵位置

而據《漢長安城》一書（劉慶柱等 2003）所述，除城圈以內的遺跡外，還包括禮制建築、離宮和苑囿以及漢長安城附近的諸陵邑。看來，即便堅持認為漢長安城的城圈即郭城的學者，也不否認上述城圈以外的部分屬於漢長安城的重要組成部分。

十三　帝都不設防的霸氣

　　楊寬認為，長安城外存在著較大的郭區，其中北郭和東郭面積較大。當時的渭水位於北城牆以北 1.5 公里以外，渭水實際上就具有北郭以外大城壕的作用，而長安的東郭則是利用漕渠作為防禦的城壕。城外也的確發現了製陶作坊、鑄錢作坊和錢範窖藏（發現「五銖」錢模）等。

　　而不認同漢長安城有「大郭」的劉慶柱也承認，「西漢中期，漢武帝修築漕渠……形成了漢長安城以東的一條屏障，西漢中期以後，人們也就把這條渠與宣平門以東的祖道交會處稱為『東郭門』（即東都門）……所謂東都門不過是座象徵郭門的建築」。

　　或許，漢長安城的城郭布局和人們的認同，有一個動態發展的過程。合理的推想是，漢惠帝築城時是先以城池為郭，等到武帝時國力強盛，人口劇增，遂「以城中為小」（《漢書·東方朔傳》），在城外興築建章宮、擴展上林苑等，城外也有很多居民，於是當時的人以渭河和漕渠為郭，這應當是可能的。

秦漢二都設計思想探源

　　說到西漢長安城的「源」，問題就開始複雜起來了。張衡〈西京賦〉評價漢長安城「乃覽秦制，跨周法」。學者對此多有引用，但具體解釋則有所不同。

　　從社會形態上看，秦漢帝國與西周王朝，是以強勢的王權和興盛的國力為共同特徵的。這裡的「跨周法」，或許應是對「大都無城」的西周王朝都城制度的繼承和發展，而非對禮崩樂壞、亂世爭防的東周城郭形態的模仿，正如孔子所謂「周監於二代，鬱郁乎文哉！吾從周」（《論語·八佾》）。此時的郭區已成為觀念上的郭區，即一般以都城所處大的地理環境為郭。秦漢時代的這種都城規劃思想，是與當時大一統的、繁盛的中央帝國的國情相一致的，因此其都城建制也遠非戰亂頻仍時代築城郭以自守的諸侯國的都城所能比擬。從這個意義上講，漢長安城「跨周法」的最大特徵，也許正是顯現出帝王之都宏大氣魄的「大都無城」。

　　作為前後相繼的帝國都城，秦都咸陽和漢長安城在布局和設計思想上存在內在的關聯，也是可以想見的，不少學者參與過討論。楊寬先生認為西漢長安的設計規劃確是沿用秦

十三　帝都不設防的霸氣

制，以秦都咸陽為模式而有所發展的。（楊寬 1993）這一論斷，應當說是有道理的。但秦都咸陽究竟是怎樣一種設計規劃模式，漢長安城又在哪些方面對其繼承並有所發展，至今莫衷一是，需要做深入的探討。

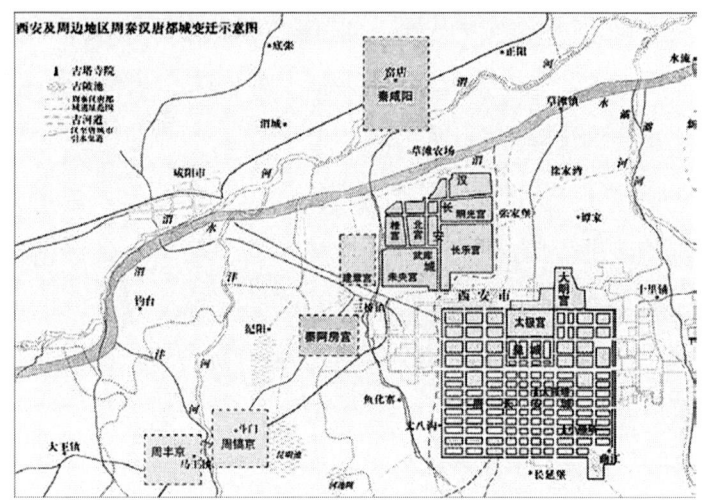

西安一帶周秦漢唐都邑變遷示意

東漢洛陽：最後的無郭之都

東漢洛陽：最後的無郭之都

儘管對漢長安城的布局結構諸問題有較大的爭議，但學者們對緊隨漢長安城之後興建的東漢洛陽城卻有相當的共識：

第一，東漢洛陽城的都城朝向已坐北朝南，規劃性比擴建而成的漢長安城稍強。但就全城而言，中軸線的規劃思想也並不鮮明。魏晉以降都城中普遍存在的中軸線布局，特點是以從宮城正門南伸的南北向長距離主幹大道為軸線，對稱布置整個城區。一般認為，這種規劃尚未見於秦漢都城，開這種規劃制度先河的是曹魏鄴城。

第二，東漢洛陽城城圈屬於內城，城內宮殿區的面積仍然較大，仍處於以宮室為主體的都城布局階段。

宮殿區規模的巨大化是從戰國到東漢時期都城布局的一個顯著特點。楊寬認為「洛陽城依然屬於內城性質。南宮和北宮不僅面積很大，而且占據城中主要部位⋯⋯宮殿、倉庫、官署，和西漢長安一樣，布滿整個都城之內」，「洛陽整個城屬於『皇城』（內城）性質」（楊寬1993）。的確，總體上看，東漢洛陽城內宮苑面積達全城總面積的二分之一左右。一般居民多居於城外，3處著名工商業區中的南市和馬市也都位於城外。

十三　帝都不設防的霸氣

第三，東漢洛陽城雖有較大的郭區，但並無具有實際防禦作用的郭城城垣。

楊寬根據《洛陽伽藍記》的記載指出，洛陽的南郭就是南城牆與洛水之間東西寬3公里、南北長2公里的地區。漢魏洛陽與西漢長安一樣，「以天然河流與新開漕渠作郭區的屏障，同樣以橋梁與郭門作為郭區的門戶，或者以橋梁與外郭亭作為郭區的關口」，而「漢魏洛陽之所以會有與西漢長安如此相同的結構，該是東漢都城的建設沿用了西漢的制度」。（楊寬1993）

在「楊劉之辯」中，儘管劉慶柱不同意楊寬關於漢長安城外有「大郭」的觀點，但也認可在西漢中期後，人們把漢武帝時修建的漕渠與宣平門以東大道交會處稱為東郭門，正像漢魏洛陽城以張方溝上的張方橋為西郭門一樣。（劉慶柱1987）這表明論辯雙方在西漢長安城和東漢洛陽城均存在觀念上的郭區的認知是一致的。

《中國考古學·秦漢卷》對洛陽城外的遺存做了較詳細的介紹：「據文獻記載，當時在洛陽城周圍，最高統治者同樣精心營造了為數眾多的宮、觀、亭、苑，近城地帶，更是各種重要禮制建築的所在地和人口較為密集的居民區」，「洛陽三市中金市以外的馬市和南市，分別設於城東和城南」。此外，還有白馬寺、漢大將軍梁冀所築皇女臺及私家園林等。其中

東漢洛陽：最後的無郭之都

北郊兆域，南郊圜丘、靈臺、明堂、辟雍等遺址，都經調查、勘探和重點挖掘，「歷年來勘察顯示，當時的手工業遺址主要分布於城外」。顯然，上述種種，構成了郭區的內涵。東漢洛陽城城圈的內城性質、郭區的內涵與結構，對解讀西漢長安城的形態具有重要的參考意義。

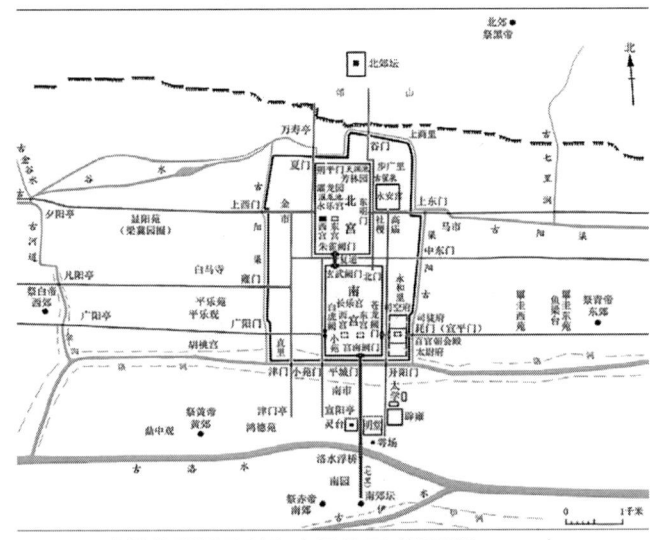

東漢洛陽城及城郊布局復原（錢國祥 2022A）

由前述分析可知，秦漢都城的都邑布局具有一定的延續性，總體上顯現出大都無防的格局和宏大的氣勢，與其進入帝國時代的社會發展過程是相呼應的。

十三　帝都不設防的霸氣

十四　秦漢都邑的變與不變

十四　秦漢都邑的變與不變

帝都的突破

較之先秦時期的都邑形態，秦漢都邑在不少方面產生了飛躍性的變化。

首先，作為秦漢帝國都邑的咸陽和長安的布局突破了東周以來城郭的限制，以宏大的氣勢顯示著國勢的強盛和皇權的至高無上。

秦都咸陽的重心是位於渭北的咸陽宮，隨著戰國晚期統一步伐的加快，秦已將營建宮室苑囿的範圍擴大至渭南。至秦始皇初併天下，更「乃營作朝宮渭南上林苑中，先作前殿阿房……周馳為閣道，自殿下直抵南山。表南山之顛以為闕。為復道，自阿房渡渭，屬之咸陽，以象天極閣道絕漢抵營室也」（《史記·秦始皇本紀》）。整個城市法天體布局，憑山川之險，規模宏闊。同時，劃都邑所在地區為「內史」，建立以咸陽為中心的京畿，並「徙天下豪富於咸陽十二萬戶」（《史記·秦始皇本紀》）以充實之，形成更大規模的首都圈。總體規劃取開放之勢，是「大都無城」的典範之作，充分顯現了一代帝都曠古未有的威嚴與壯觀。

帝都的突破

秦都咸陽阿房宮前殿基址

西漢王朝繼承秦制，繼續經營渭南，以秦離宮、興樂宮為基礎加以擴充，興建長安城。因城中以宮殿區、官署和貴族府第為主，居民里閭和工商業區除城內北部外，已發展到城外，尤以直通渭北的橫門內外一帶最為繁華，成為都邑工商業貿易活動的中心。此外，城外廣大的區域內還散布著離宮、禮制性建築和苑囿等，都與城池渾然一體，是整個長安城的有機組成部分。西漢長安從延續戰國時代大立郭城的傳統，轉變為內城加郭區的「大都無城」的狀態，進一步彰顯出巍巍帝都的氣勢。

同時，漢王朝繼承了秦代的京畿制度，改秦「內史」為「三輔」；又在京畿地區建置陵邑，「徙齊諸田，楚昭、屈、景及諸功臣家於長陵。後世世徙吏二千石、高訾富人及豪傑並兼之家於諸陵」（《漢書·地理志》），從廣義上講，這些陵邑也是西漢京師行政區和經濟區的組成部分。於是才有像班固

十四　秦漢都邑的變與不變

〈西都賦〉所描述的「南望杜霸，北眺五陵，名都對郭，邑居相承」(《後漢書・班固傳》)的繁華壯觀的景象。

西漢長安城廚城門 1 號橋遺跡

秦漢時代的這種都邑規劃思想，既接續二里頭時代至西周時代「大都無城」的傳統，又是與當時大一統的、繁盛的中央帝國的國情相一致的。因此，其都邑建制也遠非戰亂頻仍的東周尤其是戰國時代築城郭以自守的諸侯國的都邑所能比擬。（許宏 2016）

宮廟制度之變

　　其次，三代城市中最能體現其特質的宮廟，在秦漢時期的都邑中發生了重大的變化。如果說春秋以前都邑宮廟布局的主流是宮廟一體、以廟為主的話，那麼經戰國時期以迄秦漢，則變成了宮廟分離、以宮為主。

　　戰國時期的秦、楚等國已把先王之廟寢由都邑移至王陵陵園，秦漢時期更使其制度化。漢初尚依舊制將太上皇廟和高祖廟建於長安城中，自惠帝在高祖長陵以北建「原廟」以後，西漢一代各帝「陵旁立廟」的禮制正式確立。至東漢明帝更廢此制，將諸多先帝神主供奉於同一祖廟，開後世太廟之制，宗廟失去了其曾有的重要地位。與此相應，

　　在世帝王所居宮殿成為全城規劃之中心。這種變化也具有深刻的歷史含義。隨著戰國以來社會變革的加劇，宗法制度日益衰敗，君主集權在各國逐步確立，秦漢的統一全國，更使皇權達到了登峰造極的地步。朝廷宮殿不僅是皇帝議政理事的場所，還取代宗廟成為舉行國家重要典禮和宣布決策的地方，宗廟的作用則僅限於祭祀祖先和王室內部舉行傳統儀禮。因此可以說，以宮為主的宮廟格局的形成，是君主集

十四 秦漢都邑的變與不變

權政治發展的必然結果，宮、廟地位的這種變化昭示著中國古代社會結構上的一次劃時代的變革。

有了上述基本了解，就可知《考工記》所述「左祖右社」的營國制度並不存在於先秦時期，其中的宗廟已退居次要地位，顯然屬晚近的漢制。該書「匠人營國」部分的其他內容也與長安城的規劃大致相合。《考工記》雖為戰國初期齊國的官書，但經秦滅六國的兵燹及焚書之劫，曾一度散佚。至西漢復出，武帝時被補進《周禮》。已有學者認為其經漢人改纂，「也許是由於《考工記》的規制在

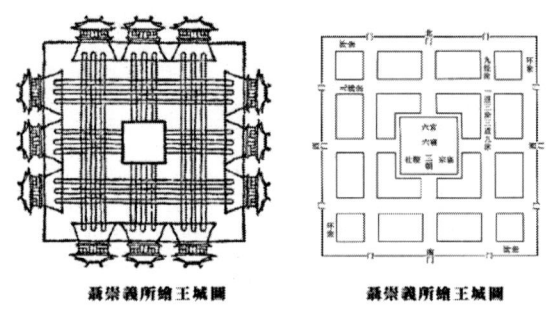

後人心目中的《考工記》王城（戴吾三 2003）

西漢初年受到重視而在設計首都長安城時被充分參照，相反，也可能是由於漢儒從長安城的實際情況出發，增改了《考工記》的『匠人營國』部分」。（王仲殊 1983）連繫到《考工記·匠人》所述營國制度多與考古發現所見先秦城市的情形不符，因此，似以後者的可能性更大。

三都的歷史位置

秦漢時期的都城建制，又有若干對先秦城市形態的繼承之處，在發展軌跡上一脈相承。這主要表現在：

第一，這一時期的都邑進一步繼承了戰國時期宮室擴建的傳統，在都邑規劃上仍處於以宮室為主體的發展階段，宮殿區規模的巨大化構成了這一時期都城布局的一個顯著特點。相比之下，對居民閭里與商市的安排則處於從屬地位。

最新的研究顯示，西漢長安城內，長樂宮、未央宮等5大宮殿區及武庫、貴族宅第的占地面積已近全城的二分之一；東漢洛陽城內的宮苑面積也占全城總面積的二分之一左右。由於城內主要是宮殿、太倉、武庫、園林、官府和貴族官吏的宅舍，留給一般平民居住和從事工商業活動的地方已極為狹小。據《三輔黃圖》記載，長安城有160閭里和9市。由於宮殿集中在城的南部和中部，所以一般的居民只能居住於城的北部，特別是東北部。160閭里大概就擁擠在這一小片地段上，僅占全城的十分之一左右；9市則可能被設定在城的西北隅。東漢洛陽城的情況也與此類似，已如上述。但同時也應看到，隨著社會經濟的發展，畢竟東周以來都邑中不

十四　秦漢都邑的變與不變

甚固定的商市已開始被納入城市規劃之中，這是一個較大的變化。

第二，從城區規劃上看，秦漢都邑仍沿襲東周以來城市建設因地制宜的傳統，尚未形成如後世那樣具有明確中軸線的、方正有序的布局模式。秦都咸陽總體布局不清，長安城城垣築於長樂、未央二宮建成之後，缺乏事先統一的規劃和安排。關於漢長安城的軸線與方向問題，學者間眾說紛紜，莫衷一是。而這些論證大都是把漢長安城由興建到新莽時期的最終建設利用當作一個整體來分析的，也就是說，基本上是基於「總平面圖」的研究。也有學者從城市動態發展的角度加以解讀，提出了漢長安城「首先是一座朝東的城市，然後才變為朝南」的觀點。長安城的主要城門是北垣西側的橫門和東垣北側的宣平門，皇宮未央宮以東門和北門最為重要。據分析，未央宮的正門應為東門；而未央宮之前殿則坐北朝南，可見整個長安城並不存在一個貫穿全城、沿襲不變的中軸線。東漢洛陽城的規劃性稍強，南垣的平城門與南宮相連，已成為全城最重要的城門。但新建之北宮與南宮占據城內大部，位置略有參差，就全城而言，中軸線的規劃思想也並不鮮明。魏晉以降都邑中普遍存在的中軸線布局，只能是「後大都無城」時代的產物。其特點是以從宮城正門南伸至外郭城正門的南北向長距離主幹大道為軸線，對稱布置整個

城區。與此相應的是，旨在強化對都市居民統一管理的里坊制，也大體與城郭兼備、內城外郭、具有全城大中軸線的都邑格局同步出現。而這種規劃尚不見於「大都無城」時代最後階段的秦漢都邑。（許宏 2016）

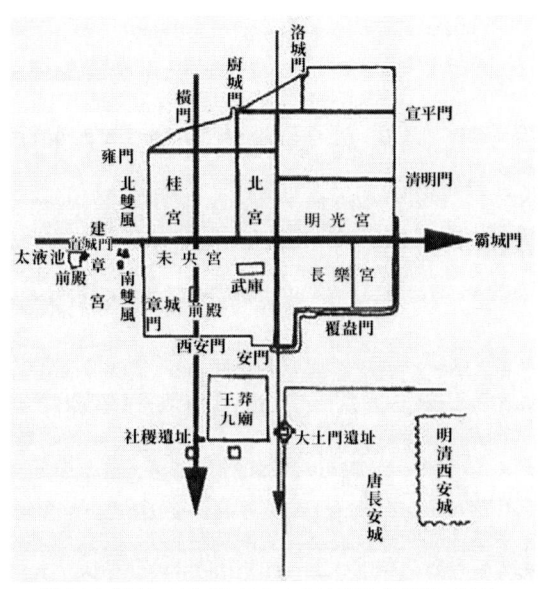

漢長安城的東向與南向布局示意（劉瑞 2011）

十四　秦漢都邑的變與不變

帝國城邑面面觀

隨著秦漢時期統一局面的出現，郡縣制地方行政管理系統在全國範圍內最終確立，全國性的城市體系初步形成。

漢王朝兼併天下之初，漢高祖即「令天下縣邑城」（《漢書‧高帝紀》），從而掀起了又一次大規模城市建設的高潮，在制度上確立了全國性的郡縣城市體系。據近年的研究，已知秦漢地方城邑數達 630 餘處之多。（徐龍國 2013）

從考古發現看，這次築城運動，既有新築，又有對戰國秦代城池的整治重修。首先，對規模巨大的列國都城址一般不照舊使用，或用其原有小城如魯國治魯縣（原魯都曲阜），或割取原城之一部如河東郡治安邑縣（原魏都安邑）、故安縣（原燕下都）、九江郡治壽春縣（原楚都壽春），或棄置不用而於其上另建小城如河南縣（原東周王城），或另擇址新建如新鄭縣、南郡治江陵縣等。文獻記載秦始皇統一六國後，令「壞城郭，決通堤防」，但從實際情況看秦末漢初城池仍然遍布各地，說明並不是全毀，而最容易對中央造成威脅的就是六國都城這樣規模巨大的城池，「壞城郭」的主要對象也應是這類有政治影響的大城，漢人回顧這段歷史時提及的「墮名

帝國城邑面面觀

城」應該就是反映了這一歷史事實。這些郡縣城坐落於六國都城故址而規模大為縮小，說明當時的中央政府從強幹弱枝的角度出發對郡縣城的建制是有嚴格的規定的。秦漢都城的膨大化與六國都城址被廢棄、規模縮小而為郡縣城，從一個側面昭示了列國爭雄的分裂狀態的終結和大一統局面下的新的等級城制的形成。

與上述情況不同的是，東周時期的一般城址除了因戰爭焚毀過甚者，到了漢代大多被利用和改建，成為郡縣治所。從考古發現的情況看，漢代郡縣城址以周長在 2,000～5,000 公尺者居多。規模適中者繼續使用，一些原來規模較小的東周城在成為郡縣治所後還得到了擴建。這種大型都城址廢棄或縮小、中型城址仍舊利用、小型城址規模擴大的情形，就應是秦漢時期在新的歷史條件下形成的新的等級城制的反映。由於城市的建制系統已規劃，所以秦漢城市的布局也更趨向一致。城垣內一般包含著官署、街道、里坊和商市，是普遍存在的郡縣城市的模式。

秦漢時代的這種新的等級城制也即全國性的城市網絡，可以說就是以碩大無朋的帝國都城、100 餘座郡國城市和 1,000 餘座縣城為架構組合而成。這些城市首要的職能仍是作為政治中心，各級官府治所所在的城市作為地方行政權力中心，秉承中央政府的旨意管理和控制著各地。這一全國性城市體系的形成，最終結束了商周以來以血緣政治為主體、王

十四　秦漢都邑的變與不變

朝依靠宗法分封制間接控制各地的社會格局，確立了以地緣政治為主體、中央集權政府依靠一元化的郡縣城市網絡直接統治全國的社會結構。這在中國城市發展史上和中國歷史發展階段上，都是屬於本質上的變化。（徐蘋芳 1995）

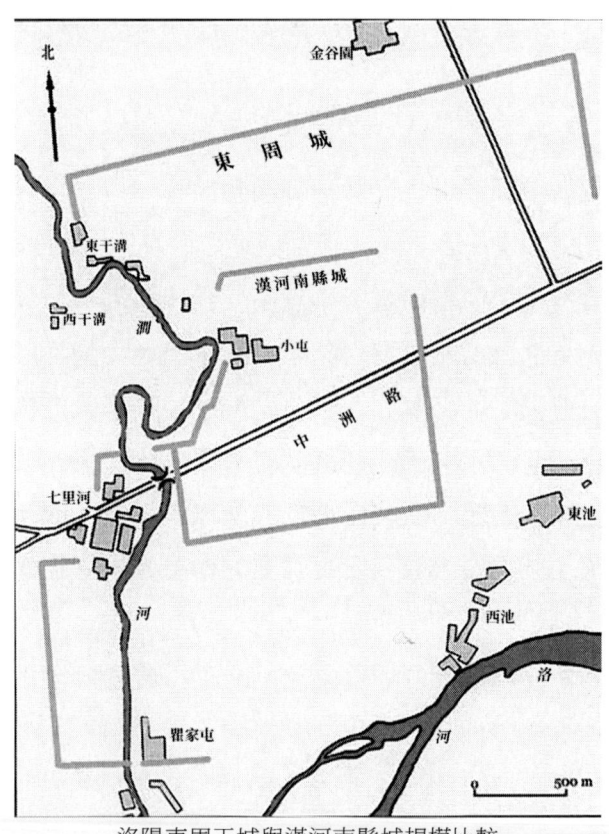

洛陽東周王城與漢河南縣城規模比較

十五　後大都無城時代的特質

曹魏至明清時代
（西元 220～1911 年）
總體上看，從魏晉到明清時代的中國古代都城，具備了下列三個重要特徵：城郭兼備的總體布局，全城大中軸的設計理念，里坊街巷的統一規劃。這三者又是互為表裡、大體同步的。

十五　後大都無城時代的特質

魏晉至隋唐時代城池

　　魏晉南北朝時期，社會動盪，城市經濟衰落，此後才進一步復甦。莊園經濟和新的等級制度在都城規劃上留下了明顯的烙印。對曹魏鄴北城、北魏洛陽城、東魏北齊鄴南城、隋大興城和唐長安城等城址的挖掘與研究，表明以都城為代表的中國古代城市至此逐步發展成為布局嚴整、中軸對稱的封閉式里坊制城市。

　　三國時期的曹魏都城鄴北城，開始出現方正的布局，連線東西兩大城門的大道將全城分為南北兩大部分。北區為宮殿、苑囿、官署和貴族居住區（戚里），宮城建於城的北部中央，官署集中於宮城前的司馬門外。南區為一般衙署和里坊等。北區大於南區。位於全城中部、由外朝前殿文昌殿南伸的南北向大道，經宮城南門，直通南垣中央城門中陽門，形成全城的中軸線。至此，中國古代早期都城中分散的宮殿區布局被中軸對稱的規劃格局所取代，曹魏鄴北城的這種平面規劃，對後世中國古代城市的發展產生了深遠的影響。

魏晉至隋唐時代城池

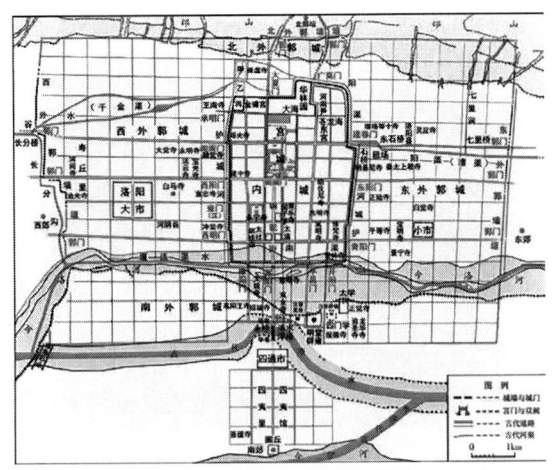

北魏洛陽城城郭復原示意（錢國祥 2022B）

　　北魏洛陽城的主要部分仍沿用東漢至西晉的洛陽舊城，仿照鄴北城的規劃格局，宮室北移。正對外朝主殿太極殿、由宮城南門閶闔門南伸至南垣城門宣陽門的銅駝街，形成了一條明確的南北中軸線。銅駝街的兩側分布著中央官署和太廟、太社，使中軸線的設計更為突出。城的北半部被宮殿區、太倉、武庫、官署和苑囿區所占，南半部則有九寺七里，都是中央官署、高官顯貴的宅第和寺院區。因佛教興盛而寺院林立，是北魏洛陽城的一個顯著特點。至此城內部分幾被占盡，於是在舊城外圍新築外郭城。外郭城範圍廣大，其內規劃了 320 個坊，每坊 1 里，四圍築牆，開 4 門，封閉式的坊市制至少在這一時期已開始出現。相應地，作為工商業區的 3 個「市」也設定在外郭城中。（考古所 2018）

十五　後大都無城時代的特質

漢魏洛陽城城垣

　　這一階段的都市計畫，到隋唐時期發展至巔峰。隋大興城和唐長安城，是中國中古時期封閉式里坊制城市的典範。長安城面積達 84 平方公里。宮城位於全城北部正中，後來擴建的大明宮和興慶宮，也分別位於地勢高的北牆外和城的北部偏東，便於控制全城。宮城之南設有皇城，是中央高級衙署和太廟、社稷所在。全城以對準宮城、皇城及外郭城正南門的朱雀大街為中軸線。在外郭城範圍內，以 25 條縱橫交錯的大街，將全城劃分為 109 坊和東、西兩市。這種方格網式的規劃，使整個城的平面如同棋盤。坊之四周築有坊牆，開 4 門，坊內設十字街，十字街和更小的十字巷將全坊劃分為 16 區。坊內實行嚴格的管理和督察制度。商業交易活動，則被限制於呈封閉狀態的東、西兩市之內。隋唐東都洛陽城，除因地形關係將宮城和皇城設在郭城西北部外，格局與長安城大體一致。其大部分坊的面積相同或相近，約 0.5 平方公里。（考古所等 2017）這種將宮城和衙署區置於城的西北隅，採取整齊方正的里坊布局的規劃，成為當時甚至後世地方州縣城效法的藍本。

宋元明清時代城池

　　隨著社會商品經濟的發展和工商業的日趨繁盛，從唐代末期至北宋前期，封閉式的坊市制逐漸被開放式的街巷制所取代。考古及文獻資料表明，北宋中期開始出現的新的都市計畫及與之相應的管理制度，是人身依附關係和等級制度大為鬆弛這一歷史大趨勢的產物。此後的元、明、清各代的都市計畫及制度，均採用這種開放的形態，並有所發展。宋、元、明、清時期，是中國古代城市發展的成熟階段。（孟凡人 2019）

　　北宋都城汴梁和南宋都城臨安，都是在唐代舊城基礎上修改擴建而成的。在街道布局上雖不甚有序，但在城市布局的科學性和合理性方面有了長足的發展。汴梁全城有內外城牆三層。中間一層為內城，主要分布著中央各官署，內城中部又有宮城，即大內。這種宮城居中、布局方正的重城式平面規劃，對後來的金中都、元大都乃至明清北京城都有很大的影響。而與前代相比變化最大的當數坊牆拆除，臨街房舍店鋪及娛樂場所的出現。如果說汴梁和臨安新的都市計畫因受舊城約束還無法充分地表現出來，那麼平地起建的元大都則可以說是開放式街巷制城市的典型。

十五　後大都無城時代的特質

　　元大都平面呈矩形，由宮城、皇城、外郭城三重城套合組成。其中皇城建於城內南部中央，四面包圍宮城和皇家苑囿區。元大都中軸線的規劃更為明確，自南垣中央城門麗正門經皇城、宮城正門、正殿，直至全城中心點萬寧寺之中心閣。禮制性建築太廟和社稷壇分列宮城之左右，其最大的市場建於宮城之北，城內的9條縱街和9條橫街構成了全城的主幹街道。據此，元大都的總體布局與《周禮·考工記》所載「營國」制度最為符合。在城內南北向主幹街道之間分布著數百個衚衕（時稱「火巷」），寬度在6公尺左右，多呈東西向排列，今天北京城內的許多衚衕就是元代火巷衚衕的殘跡。大片民居住宅之間，混雜著寺廟、衙署和商店等。全城以街道劃分為50個坊，但周圍已無圍牆相隔，呈開放之勢。元大都的都市計畫是中國王朝時代後期開放式街巷制的典型，這一新的城建規制為後來的明、清所繼承。

　　明永樂年間立為都城的北京城（內城）是在元大都的基礎上縮北展南，改建而成的。內城的街巷，基本上沿用元代舊制。大小幹道兩旁散布著各種手工業作坊和商行店鋪，衚衕小巷則是市民居住區。嘉靖年間，又在城南加築一外城，實際上是尚未完工的環城外郭城的南部。外城內除了東西並列的天壇和先農壇，主要是手工業區和商業區。皇城位於內城的中部偏南，其內偏東為宮城，即紫禁城。此外還分布有禁苑、廟社、寺觀、衙署和宅第等。中軸線仍沿元大都之舊

宋元明清時代城池

制,更為加長,由外城的永定門經內城正門、紫禁城直至鼓樓和鐘樓。所有城內宮殿及其他重要建築都沿著這條南北向的中軸線展開。皇城和宮城占據全城的中央部分,以帝王為中心的「建中立極」的都城規劃思想在這裡得到了最充分的體現。清定都北京後,基本上襲用明的都城和宮殿,此外又開闢了西郊的皇家林苑。

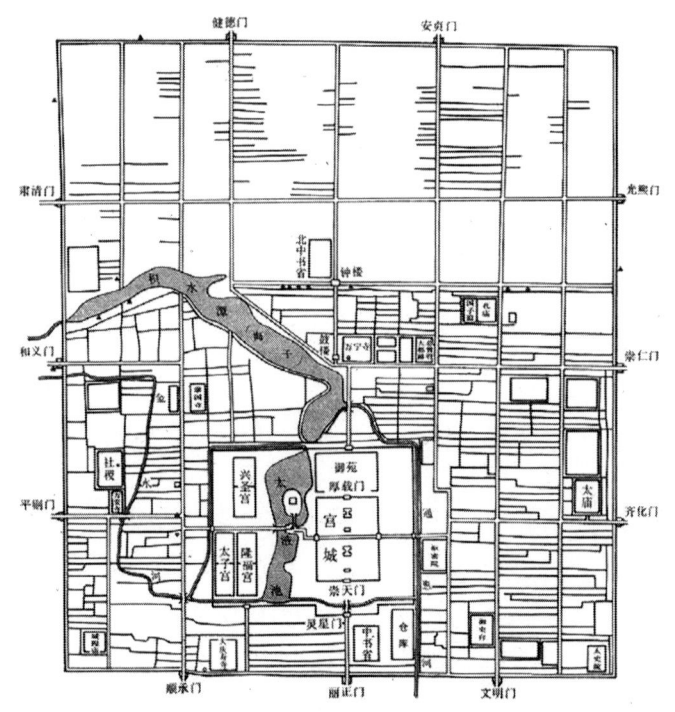

元大都平面復原(《考古學》編輯委員會等 1986)

十五　後大都無城時代的特質

包築在明代西直門箭樓內的元大都和義門甕城

　　可見，只是在先秦秦漢「大都無城」時代之後的魏晉至明清時期，古代中國才進入了「無邑不城」的時代。（許宏 2016）至近代，失去了防禦和禮儀雙重意義的城牆也就逐漸退出了歷史舞臺。極少數保留至今的，無疑都成為重要的文化遺產。

晚出的大中軸線

　　二里頭至西周時代的絕大部分時間裡，都邑規劃的總體方針，是因地制宜，不求方正，實際布局則是以「大都無城」為主流。可以理解的是，如果不是城郭兼備而且內城外郭，則全城中軸線基本上無從談起。在符合城郭兼備、內城外郭條件的商王朝二里崗期和春秋時期，擴建前的偃師商城和春秋魯都，可能略具全城中軸規劃的雛形。但由於考古發現的局限，宮城與郭城城門是否大致對應，還難以廓清，所以類似的例子，只能看作中軸線規劃的雛形而已。

　　如果論單體建築之中軸，可以認為仰韶時代即已萌芽，如甘肅秦安大地灣大型房址 F901，已有中軸線的意味，被稱為「原始殿堂」；龍山時代河南周口淮陽區平糧臺小城的縱向道路已略具中軸對稱的格局；宮室建築群之中軸，迄今可以確認的例子是二里頭宮城的兩組大型建築基址；而真正意義上的全城中軸線的出現，已如前述，則要晚到曹魏鄴城和魏晉洛陽城了。

十五　後大都無城時代的特質

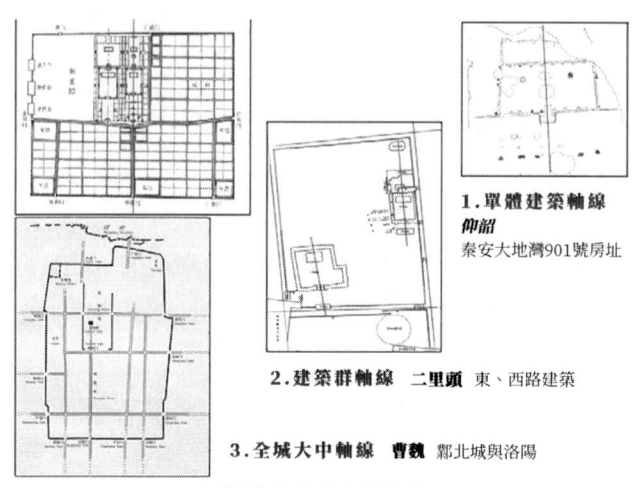

1. 單體建築軸線　仰韶
   秦安大地灣901號房址

2. 建築群軸線　二里頭　東、西路建築

3. 全城大中軸線　曹魏　鄴北城與洛陽

不斷放大的「中國軸線」

　　需指出的是，早於曹魏時期的這類「類中軸線布局」也並未成為當時都邑布局的主流。商王朝二里崗期不必說，東周時期的主體建築雖已多有按中軸線布置的意向，但大多還是著眼於宮殿區區域性，如邯鄲趙王城以龍臺為核心的宮殿區中軸線布局、燕下都以武陽臺為中心的宮殿中軸規劃等，對於宮殿區以外的建築並無嚴格的規劃和安排。秦漢都城仍沿襲東周以來城市建設因地制宜的傳統，也未形成如後世那樣具有明確中軸線的、方正有序的布局模式。如前所述，秦都咸陽總體布局不清，長安城城垣築於長樂、未央二宮建成之後，缺乏事先統一的規劃和安排。東漢洛陽城的規劃性稍強，南垣的平城門與南宮相連，已成為全城最重要的城門。但新建之北宮與南宮占據城內大部，位置略有參差，就全城

| 晚出的大中軸線 |

而言,中軸線的規劃思想也並不鮮明。

　要之,全城大中軸線,只能是「後大都無城」時代的產物。與此相應的是,旨在強化對都市居民統一管理的嚴格意義上的里坊制,也大體與城郭兼備、內城外郭、具有全城大中軸線的都邑格局同步出現。(許宏 2016)

十五　後大都無城時代的特質

馬背族群的城建貢獻

　　上面談及「後大都無城時代」有三大特徵：一個是城郭齊備，一個是縱貫全城的大中軸線，一個是嚴格意義上的里坊制度。這些顯得中規中矩的都邑格局，人們原來以為純粹是華夏族群的發明與建立，但北京大學歷史系李孝聰教授指出，「在中國幾千年都城發展史上，三個具有劃時代的都城形制卻是馬背上的民族所創造，為都城規劃和管理作出了不可磨滅的貢獻，迄今依然引發人們的思考。鮮卑人創造的封閉的坊市制都城：從平城到洛陽；蒙古人設計出街道衚衕式都城：元大都；女真人施行滿漢分治式都城管理：北京城。」（李孝聰 2017）

　　中古以來馬背上的民族也即北方少數族群入主中原、「下鞍進房」，對中國古代都城規劃貢獻極大。而所謂「中古」至「近古」，即魏晉南北朝至明清，正是「後大都無城」的時代。上面的三大特徵，其實是諸多的馬上民族，從拓跋鮮卑的北魏、「大有胡氣」的李唐，到蒙古族建立的元、滿族建立的清等少數族群入主中原之後才普遍形成的。入主中原的少數族群都盡可能地採用華夏族群的治理方式來「營國」——營建國都，經營國家，用中原的禮制來教化、統治、管理華夏族

群。與此同時，他們建立龐大的都城時的種種舉措其實都是在強化控制、加強防禦以及嚴格管理居民。正是有了城郭齊備、全城大中軸和嚴格的里坊制的城市功能格局的確立，才導致「後大都無城」時代大家比較熟悉的都邑規制的形成。在這裡，李孝聰教授關於中古以後北方族群對於中國古代都邑建設的貢獻的觀點，和筆者提出的「大都無城」說可以相互印證，這是饒有興味的事。

回過頭來再看學界的主流觀點和大眾的一般印象，那就是，上古時期的中原王朝 —— 夏商周三代還處於各種制度的萌芽狀態，而中古時期以後城郭齊備、規制完整，里坊制、中軸線具存，才應是華夏正統的興盛期。但考古學所揭示的事實似乎並非如此，缺乏章法的「大都無城」，恰恰是處於上升期的華夏族群的價值取向，很可能其中有深厚的文化自信的底蘊蘊含其中。而「後大都無城」時代的三大要素，是不是反而折射了入主中原的北方族群統治者的某種程度上的文化不自信？這是值得我們深入思考的。

十五　後大都無城時代的特質

十六 尾聲：
新大都無城時代
—— 破除阻礙的時代

十六　尾聲：新大都無城時代—破除阻礙的時代

從某種意義上講，人類的歷史，就是設定阻礙的歷史與破除阻礙的歷史。

著名學者、北京大學歷史系羅新教授指出：「人類的歷史，其實是設定各式各樣阻礙的歷史。」是的，農耕時代的城池、長城、邊牆、界壕等，近現代以來的邊境線、護照簽證、海關等，都是這類阻礙的重要物化形式。但與此同時，人類的歷史，又是不斷破除各種阻礙的歷史。比如大家非常熟悉的長城，由於跨越農耕與畜牧游牧世界的清帝國的建立，導致這一橫亙在農、牧兩大集團之間的壁壘徹底失效。現代的全球化和「地球村」的概念，人口、物質、技術、文化等的大移動和大交流，也都可以看作對各種新的阻礙的破除。

從上面的敘述中可知，城池是農耕時代和冷兵器時代的產物，它本來是保證人們安全的，但它的存在本身就說明那個時代給人一種不安全感。城池本身是人類群團之間緊張關係的產物。這是一個辯證的關係。越是和平年代，反而不需要有城牆這樣的嚴密的防禦措施。從這個意義上講，中國上古時期的「大都無城」，就是筆者所說的從二里頭到東漢時代，以及近代以來的城市都沒有城牆，反而說明那個時候環境偏於安定平和，適於人類居住，用不著高牆深壘來保護。所以從某種意義上講，城牆的消失也是歷史的一個進步。隨著工業化和資訊化時代的到來，一個新「大都無城」的時代也

隨之登場。

　　現在，城池已經成為我們寶貴的文化遺產，這些文化遺產中承載著民族久遠的文化記憶。身為文明人，都接受不了文化遺產被破壞。因此不但不能讓它們在我們這一代人和我們的後代人手中遭到進一步的破壞，而且應該保護得更好。1950～60年代被破壞了的北京城，是我們心中一個永遠的痛。現在用來申請加入世界遺產的元大都、明清北京城的中軸線，已經沒有足夠的物質文化載體來承託了（高枝2022），這是應該引為教訓的。

古今重疊的北京城（鄧偉攝）

　　最後想說的是，在未來，我們如何借鑑和運用中國傳統山水人文智慧，讓當代城市實現「望得見山、看得見水」的美好願景呢？

　　我們知道，隨著帝制退出歷史舞臺，城池林立，「無邑不城」的時代宣告結束，中國歷史也被全球化的浪潮所裹挾，

十六　尾聲：新大都無城時代—破除阻礙的時代

進入了建立在工商文明和資訊文明基礎上的新「大都無城」的時代。這是真正擺脫了高聳、封閉、壓抑的城牆的阻隔與束縛，開啟天際線，能夠讓當代城市實現「望得見山、看得見水」的美好願景的時代。既往城市布局上政治禮制的束縛將不斷被打破，以人為本的理念將得以落實。這是我們的美好希冀。

注釋

正文中部分機構作者簡稱如下：

北京大學考古文博學院＝北京大學

河南省文物考古研究所（院）＝河南省所（院）

湖北省文物考古研究所＝湖北省所

湖南省文物考古研究所＝湖南省所

內蒙古自治區文物考古研究所＝內蒙古所

山西省考古研究所＝山西省所

陝西省考古研究所（院）＝陝西省所（院）

夏商周斷代工程專家組＝專家組

浙江省文物考古研究所＝浙江省所

中國社會科學院＝社科院

中國社會科學院考古研究所＝考古所

〔B〕

Bagley, Robert W.「P』an-lung-ch』eng：A Shang City in Hupei」. Artibus Asiae 39, 1977(3).

Bagley, Robert W.「Shang Archaeology」. The Cambridge

注釋

History of Ancient China：From the Origins of Civilization to 221 B. C. Cambridge University Press, Cambridge, 1999.

白雲翔、顧智界整理:《中國文明起源座談紀要》,《考古》1989 年第 12 期。寶雞先秦陵園博物館編:《雍城秦公一號大墓》,作家出版社,2010 年。

［英］保羅·巴恩編著,楊佳慧譯:《考古通史》,天津人民出版社,2021 年。

北京大學考古文博學院、河南省文物考古研究院等:《河南周口市淮陽平糧臺遺址龍山文化遺存的發掘》,《考古》2022 年第 1 期。

〔C〕

蔡全法、郝紅星:《會變身的古城河南新密古城寨龍山文化遺址》,《大眾考古》2018 年第 4 期。

Campbell, Roderick. 「Erligang：A Tale of Two 『Civilizations』,」 in Art and Archaeology of the Erligang Civilization, ed. Kyle Steinke and Dora C. Y. Ching. Princeton University Press, New Jersey, 2014.

Chang K. C., Shang Civilization, New Haven：Yale University Press, 1980.

陳國梁：《都與邑——多重視角下偃師商城遺址的探究》（上）（下），《南方文物》2021年第6期、2022年第5期。

陳全方：《周原與周文化》，上海人民出版社，1988年。

陳同濱、王琳峰等：《上山文化遺址群的遺產潛在價值與保護特徵初探》，《自然與文化遺產研究》2022年第6期。

陳筱：《中國古代的理想城市——從古代都城看〈考工記〉營國制度的淵源與實踐》，上海古籍出版社，2021年。

陳星燦：《中國史前考古學史研究（1895～1949）》，生活·讀書·新知三聯書店，1997年。

種建榮、曹大志等：《陝西寶雞周原遺址2020～2021年發掘收穫》，《2021中國重要考古發現》，文物出版社，2022年。

Colin Renfrew and Paul Bahn, Archaeology：Theories Methods and Practice (8th). London：Thames & Hudson Ltd, 2020.

〔D〕

戴吾三：《考工記圖說》，山東畫報出版社，2003年。

戴嚮明：《北方地區龍山時代的聚落與社會》，《考古與文物》2016年第4期。帝都繪工作室：《長城繪》，北京聯合出版公司，2019年。

注釋

〔F〕

　　[日]飯島武次：《洛陽西周時代的遺址與成周、王城》，《考古學研究》（五），科學出版社，2003年。

　　方勤、鄧千武等主編：《石家河發現與研究》，科學出版社，2021年。

　　馮時：《夏社考》，《21世紀中國考古學與世界考古學》，中國社會科學出版社，2002年。

　　馮時：《「文邑」考》，《考古學報》2008年第3期。

　　傅熹年：《中國科學技術史·建築卷》，科學出版社，2008年。

〔G〕

　　高枝：《中軸線申遺保護駛入「快車道」》，《北京日報》2022年9月22日。谷飛、陳國梁：《社會考古視角下的偃師商城——以聚落形態和墓葬分析為中心》，《中原文物》2019年第5期。

　　顧萬發、汪旭等：《河南鞏義雙槐樹遺址》，《2020中國重要考古發現》，文物出版社，2021年。

　　郭偉民：《等級——規模的空間情景——澧陽平原幾處新石器時代聚落考察》，《中國聚落考古的理論與實踐（第1輯）——紀念新砦遺址發掘30週年學術研討會論文集》，科學出版社，2010年。

郭偉民：《吾道南來：中華民族共同體中的史前湖南》，科學出版社，2022年。

〔H〕

韓國河、陳力：《試論秦漢都城規劃模式的基本形成》，《陳直先生紀念文集》，西北大學出版社，1992年。

韓建業：《中國北方地區新石器時代文化研究》，文物出版社，2003年。

何努：《陶寺：中國文明核心形成的起點》，上海古籍出版社，2022年。何毓靈：《論殷墟手工業布局及其源流》，《考古》2019年第6期。

何毓靈、嶽洪彬：《洹北商城十年之回顧》，《中國國家博物館館刊》2011年第12期。

河南博物院編：《東京夢華：宋金元時期》，科學出版社，2017年。

河南省文物考古研究所：《鄭州商城——1953～1985年考古發掘報告》，文物出版社，2001年。

河南省文物考古研究所：《鄭州小雙橋——1990～2000年考古發掘報告》，科學出版社，2012年。

河南省文物考古研究院編：《鄭州商城遺址考古研究》，大象出版社，2015年。賀俊：《二里頭文化的聚落與社會》，中國社會科學院大學博士學位論文，2020年。

注釋

湖北省博物館編：《大宗維翰：周原青銅器特展》，文物出版社，2014年。

湖北省文物考古研究所編著：《盤龍城——1963～1994年考古發掘報告》，文物出版社，2001年。

湖北省文物考古研究所：《湖北史前城址》，科學出版社，2015年。

湖北省文物考古研究所編：《紀南城考古發現》，《江漢考古》2015年。湖南省文物考古研究所著：《彭頭山與八十壋》，科學出版社，2006年。

湖南省文物考古研究所：《澧縣城頭山——新石器時代遺址發掘報告》，文物出版社，2007年。

〔J〕

蔣樂平、林舟等：《上山文化——稻作農業起源的萬年樣本》，《自然與文化遺產研究》2022年第6期。

〔K〕

《考古學》編輯委員會等：《中國大百科全書·考古學》，中國大百科全書出版社，1986年。

[英]科林·倫福儒、[英]保羅·巴恩著，陳淳等譯：《考古學：理論、方法與實踐（第8版）》，上海古籍出版社，2022年。

〔L〕

雷興山：《論周原遺址西周時期手工業者的居與葬——兼談特殊器物在聚落結構研究中的作用》，《華夏考古》2009年第4期。

雷興山、種建榮：《周原遺址商周時期聚落新識》，《大宗維翰：周原青銅器特展》，文物出版社，2014年。

李伯謙編：《商文化論集》，文物出版社，2003年。

李峰：《早期中國：社會與文化史》，劉曉霞譯，生活·讀書·新知三聯書店，2022年。

李宏飛：《二里頭文化設防聚落的環壕傳統》，《中國國家博物館館刊》2011年第6期。

李維明：《鄭州商代（城）遺址分布範圍與「二十五平方公里」數值檢討》，《中國文物報》2012年5月11日。

李新偉、郭志委：《靈寶西坡遺址的聚落形態演變及其反映的社會變革》，《區域、社會與中國文明起源》，科學出版社，2019年。

李孝聰：《下鞍進房——馬背上的民族對中國都城規劃管理的貢獻》，《文匯學人》2017年5月19日。

李學勤：《戰國題銘概述（上）》，《文物》1959年第7期。
李學勤：《東周與秦代文明》，上海人民出版社，2017年。

梁雲：《「漢承秦制」的考古學觀察》，《遠望集》，陝西人民出版社，1998年。梁雲：《戰國時代的東西差別——考古學的視野》，文物出版社，2008年。

梁中合：《堯王城大汶口——龍山文化古城》，《山東古城古國考略》，文物出版社，2016年。

[澳]劉莉：《中國新石器時代：邁向早期國家之路》，陳星燦等譯，文物出版社，2007年。

劉瑞：《漢長安城的朝向、軸線與南郊禮制建築》，中國社會科學出版社，2011年。

劉慶柱：《漢長安城布局結構辨析——與楊寬先生商榷》，《考古》1987年第10期。

劉慶柱：《中國古代都城考古學史述論》，《考古學集刊》第16集，科學出版社，2006年。

劉慶柱：《秦咸陽城遺址考古發現的回顧及其研究的再思考》，《里耶古城·秦簡與秦文化研究》，科學出版社，2009年。

劉慶柱、李毓芳：《漢長安城》，文物出版社，2003年。
劉緒：《夏商周考古》，山西人民出版社，2021年。

劉餘力：《西周成周研究》，文物出版社，2020年。

洛陽周王城天子駕六博物館編：《談文說物話雒邑》，鄭州大學出版社，2019年。

盧連成：《西周豐鎬兩京考》，《中國歷史地理論叢》1988年第3期。

盧連成：《中國古代都城發展的早期階段——商代、西周都城形態的考察》，《中國考古學論叢》，科學出版社，1993年。

欒豐實：《內外兩重城址的興起——魯蘇沿海地區的史前城市化程式及相關問題》，《考古學研究》（十五），文物出版社，2022年。

〔M〕

馬賽：《周原遺址西周時期人群構成情況研究——以墓葬材料為中心》，《古代文明》第8卷，文物出版社，2010年。

孟凡人：《宋代至清代都城形制布局研究》，中國社會科學出版社，2019年。

孟華平：《石家河遺址聚落研究的進展》，《區域、社會與中國文明起源》，科學出版社，2019年。

〔N〕

內蒙古自治區文物考古研究所：《白音長汗——新石器時代遺址發掘報告》，科學出版社，2004年。

〔P〕

潘谷西：《中國古代建築史·第四卷元、明建築（第2版）》，中國建築工業出版社，2009年。

彭邦炯：《卜辭「作邑」蠡測》，《甲骨探史錄》，生活·讀書·新知三聯書店，1982年。

彭曦：《西周都城無城郭？——西周考古中的一個未解之謎》，《考古與文物》增刊《先秦考古》，2002年。

〔Q〕

淺原達郎：《蜀兵探原——二里岡インパクトと周·蜀·楚》，《古史春秋》第2號，朋友書店，1985年。

錢國祥：《東漢洛陽都城的空間格局復原研究》，《華夏考古》2022年第3期。（A）

錢國祥：《漢魏洛陽城的祭祀禮制建築空間》，《中原文物》2022年第4期。（B）

錢耀鵬：《半坡聚落與黃河流域夯築城址的發生》，《文博》2000年第2期。

錢耀鵬：《中國史前城址與文明起源研究》，西北大學出版社，2001年。

秦始皇帝陵博物院編：《平天下——秦的統一》，西北大學出版社，2019年。秦文生、宋國定等：《鄭州商城遺址的

考古發現與研究述評》,《鄭州商城遺址考古研究》,大象出版社,2015年。

秦小麗:《中國初期國家形成的考古學研究:陶器研究的新視角》,復旦大學出版社,2019年。

裘錫圭:《戰國文字中的「市」》,《考古學報》1980年第3期。

〔R〕

如姬:《懸泉置——驛站中的大漢帝國》,《中華遺產》2018年第3期。

〔S〕

山西博物院編:《黃河文明的標識:陶寺・石峁的考古揭示》,山西人民出版社,2020年。

山西省考古研究所侯馬工作站編:《晉都新田》,山西人民出版社,1996年。

陝西省考古研究所:《鎬京西周宮室》,西北大學出版社,1995年。

陝西省考古研究所編著:《秦都咸陽考古報告》,科學出版社,2004年。

陝西省考古研究院、榆林市文物考古勘探工作隊等:《陝西神木縣石峁遺址》,《考古》2013年第7期。

注釋

陝西省考古研究院、榆林市文物考古勘探工作隊等編著：《發現石峁古城》，文物出版社，2016年。

史念海：《周原的變遷》，《陝西師範大學學報（社科版）》1976年第3期。

司媛：《二里頭、二里崗時代青銅禮容器的空間分布及意義》，《中原早期青銅時代 —— 聚落與禮器專題研究》，科學出版社，2023年。

宋江寧：《關中盆地史前到秦漢時期的中心區轉移現象考察 —— 兼論周原與灃鎬遺址內涵差別巨大的原因》，《南方文物》2017年第4期。

宋鎮豪：《中國古代「集中市制」及有關方面的考察》，《文物》1990年第1期。

宋鎮豪：《夏商社會生活史》，中國社會科學出版社，1994年。

Steinhardt, Nancy S. Chinese Imperial City Planning, University of Hawaii Press, Honolulu, 1990.

孫波：《山東龍山文化城址略論》，《中國聚落考古的理論與實踐》（第1輯），科學出版社，2010年。

孫波：《聚落考古與龍山文化社會形態》，《中國社會科學》2020年第2期。孫華：《商代前期的國家政體 —— 從二里崗文化城址和宮室建築基址的角度》，《多元視域 —— 商王朝與

中國早期文明研究》,科學出版社,2009 年。

孫周勇、邵晶等:《石峁文化的命名、範圍及年代》,《考古》2020 年第 8 期。(A)

孫周勇、邵晶等:《石峁遺址的考古發現與研究綜述》,《中原文物》2020 年第 1 期。(B)

〔T〕

譚其驤主編:《中國歷史地圖集・第 2 冊(秦・西漢・東漢時期)》,地圖出版社,1982 年。

陶復:《秦咸陽宮殿第一號遺址復原問題的初步探討》,《文物》1976 年第 11 期。

田亞岐:《秦都雍城布局研究》,《考古與文物》2013 年第 5 期。田亞岐:《秦都雍城考古錄》,《大眾考古》2015 年第 4 期。

〔W〕

王海城:《最早的帝國?比較視野下的二里崗物質文化擴張》,《盤龍城與長江文明國際學術研討會論文集》,科學出版社,2016 年。王立新:《早商文化研究》,高等教育出版社,1998 年。

王煒:《殷墟研究的新思考——聽荊志淳教授講座有感》,《古代文明研究通訊》總第 60 期,2014 年。

注釋

　　王煒林、楊利平：《高陵楊官寨遺址的考古發現與收穫》，《區域、社會與中國文明起源》，科學出版社，2019 年。

　　王學理：《咸陽帝都記》，三秦出版社，1999 年。

　　王幼平、郝紅星：《中原文明考古探源：河南新密李家溝遺址和它之前的事》，《大眾考古》2016 年第 2 期。

　　王震央：《中國文明起源的比較研究》，陝西人民出版社，1994 年。王仲殊：《關於日本古代都城制度的源流》，《考古》1983 年第 4 期。

　　吳衛紅、劉越：《凌家灘 —— 中華文明的先鋒》，上海古籍出版社，2022 年。

〔X〕

　　西安半坡博物館、陝西省考古研究所等：《姜寨 —— 新石器時代遺址發掘報告》，文物出版社，1988 年。

　　夏商周斷代工程專家組：《夏商周斷代工程報告》，科學出版社，2022 年。小沢正人、谷豊信等：《世界の考古學⑦中國の考古學》，同成社（東京），1999 年。

　　徐龍國：《秦漢城邑考古學研究》，中國社會科學出版社，2013 年。

　　徐蘋芳：《中國古代城市考古與古史研究》，《中國歷史考古學論叢》，允晨文化實業股份有限公司（臺北），1995 年。

徐文武：《楚都紀南城的繁華與衰落》，《世界遺產》2016年3月刊。

徐旭生：《1959年夏豫西調查「夏墟」的初步報告》，《考古》1959年第11期。

徐昭峰：《東周王城研究》，科學出版社，2019年。

許宏：《大都無城 —— 中國古都的動態解讀》，生活·讀書·新知三聯書店，2016年。（A）

許宏：《何以中國 —— 西元前2000年的中原圖景》，生活·讀書·新知三聯書店，2016年。（B）

許宏：《先秦城邑考古》，金城出版社、西苑出版社，2017年。

許宏：《丁公龍山文化文字發現親歷記》，《發現與推理》，山西人民出版社，2021年。

許宏、袁靖主編：《二里頭考古六十年》，中國社會科學出版社，2019年。

許衛紅：《不以事小而不為 —— 秦都咸陽城考古瑣記》，《大眾考古》2016年第3期。

〔Y〕

楊鴻勳：《從盤龍城商代宮殿遺址談中國宮廷建築發展的幾個問題》，《文物》1976年第2期。

楊鴻勳：《宮殿考古通論》，紫禁城出版社，2001年。

楊建華：《兩河流域：從農業村落到城邦國家》，文物出版社，2014年。楊寬：《中國古代都城制度史研究》，上海古籍出版社，1993年。

葉萬松、張劍等：《西周雒邑城址考》，《華夏考古》1991年第2期。

俞偉超：《中國古代都城規劃的發展階段性》，《文物》1985年第2期。

袁廣闊：《略論鄭州商城外郭城牆的走向與年代》，《中原文物》2018年第3期。

袁廣闊：《早商都城的規劃與布局》，《黃河文明與可持續發展》第21輯，河南大學出版社，2023年。

嶽洪彬、何毓靈等：《殷墟都邑布局研究中的幾個問題》，《三代考古》（四），科學出版社，2011年。

〔Z〕

張昌平：《關於盤龍城的性質》，《江漢考古》2020年第6期。

張昌平、孫卓：《盤龍城聚落布局研究》，《考古學報》2017年第4期。

張弛：《屈家嶺——石家河文化的聚落與社會》，《考古學研究》（十），科學出版社，2012年。

張光輝、王曉毅：《山西興縣碧村龍山時代遺址》，《2021中國重要考古發現》，文物出版社，2022年。

張光直：《關於中國初期「城市」這個概念》，《文物》1978年第2期。張光直：《商文明》，生活·讀書·新知三聯書店，2013年。

張劍：《雒邑成周殷遺民史蹟考察》，《夏商文明研究》，中州古籍出版社，1995年。

張居中、陳昌富等：《中國農業起源與早期發展的思考》，《中國國家博物館館刊》2014年第1期。

張學海：《城起源研究的重要突破——讀八十壋遺址發掘簡報的心得，兼談半坡遺址是城址》，《考古與文物》1999年第1期。

張玉石、郝紅星：《中原大地第一城鄭州西山古城發掘記》，《大眾考古》2016年第5期。

趙輝、魏峻：《中國新石器時代城址的發現與研究》，《古代文明》第1卷，文物出版社，2002年。

趙芝荃、徐殿魁：《河南偃師商城西亳說》，《全國商史學會討論會論文集》，《殷都學刊》增刊，1985年。

浙江省文物考古研究所：《良渚古城綜合研究報告》，文物出版社，2019年。（A）

注釋

浙江省文物考古研究所編著：《良渚王國》，文物出版社，2019年。（B）

鄭若葵：《殷墟「大邑商」族邑布局初探》，《中原文物》1995年第3期。中國社會科學院考古研究所編：《新中國的考古發現和研究》，文物出版社，1984年。

中國社會科學院考古研究所編著：《殷墟的發現與研究》，科學出版社，1994年。

中國社會科學院考古研究所編著：《張家坡西周墓地》，中國大百科全書出版社，1999年。

中國社會科學院考古研究所編著：《中國考古學·夏商卷》，中國社會科學出版社，2003年。

中國社會科學院考古研究所編著：《中國考古學·秦漢卷》，中國社會科學出版社，2010年。（A）

中國社會科學院考古研究所編著：《中國考古學·新石器時代卷》，中國社會科學出版社，2010年。（B）

中國社會科學院考古研究所編著：《偃師商城（第1卷）》，科學出版社，2013年。

中國社會科學院考古研究所編著：《二里頭（1999～2006）》，文物出版社，2014年。

中國社會科學院考古研究所編著：《中國考古學·三國兩晉南北朝卷》，中國社會科學出版社，2018年。

中國社會科學院考古研究所、湖北省文物考古研究所：《江漢平原及其周邊地區史前聚落調查》，《江漢考古》2019年第5期。

中國社會科學院考古研究所、陝西省考古研究院等編著：《豐鎬考古八十年》，科學出版社，2016年。

中國社會科學院考古研究所、西安市隋唐長安城遺址保護中心等編：《隋唐長安城遺址·考古數據編》，文物出版社，2017年。

中國社會科學院考古研究所河南新砦隊、鄭州市文物考古研究院等：《河南新密市新砦遺址王嘴西地發掘簡報》，《考古》2018年第3期。

中國社會科學院考古研究所洛陽漢魏城隊：《漢魏洛陽城城垣試掘》，《考古學報》1998年第3期。

中國社會科學院語言研究所詞典編輯室編：《現代漢語詞典（漢英雙語）》，外語教學與研究出版社，2002年。

周星：《黃河流域的史前住宅形式及其發展》，《中國原始文化論集》，文物出版社，1989年。

朱鳳瀚：《試論中國早期文明諸社會因素的物化表現》，《文物》2001年第2期。

鄒衡：《試論夏文化》，《夏商周考古學論文集》，文物出版社，1980年。

注釋

後記

　　我自 1992 年攻讀博士學位，師從著名的城市考古專家徐蘋芳教授，專攻中國古代城市考古。1996 年畢業後，先是參加偃師商城的考古挖掘，1999 年開始又主持二里頭都邑的田野考古工作。就這樣，身為考古老兵的我與城市考古結下了不解之緣，轉眼已逾 30 年。如果從 1983 年參加山西侯馬晉都遺址本科實習算起，此後還有 1987～1992 年山東鄒平丁公新石器時代城址的帶隊挖掘，則冥冥中結緣城市考古，正好有 40 年了。

　　2000 年，我的博士學位論文《先秦城市考古學研究》正式出版；2017 年，其更新版《先秦城邑考古》問世。此前的 2016 年，出版了《大都無城——中國古都的動態解讀》，這是我「解讀早期中國」叢書的第三本。2021 年，城市考古自選集《踏墟尋城》又得以問世。而這本小書，顯然是我在田野考古一線的摸索和上述或深或淺的研究基礎上，試圖獻給大眾的一本關於中國古代城市考古的通識讀本。

　　它又不是一本單純的考古書。僅從書名上看，讀者諸君應該可以窺見作者的「野心」，他是要在這幾萬字的小書中，

後記

從「城」的角度捋出中國古代史宏觀演化格局和發生發展脈絡，從城邑和城市考古，昇華到對中國「大歷史」的掌握與建構。這一願望是否達至，就要讀者朋友來甄別評判了。

許宏

國家圖書館出版品預行編目資料

城郭中的歷史，考古學視角下的城池文明史：聚落環濠 × 邦國城池 × 大都無城……以中國古代城池的格局演變，重構文明體系的發展脈絡 / 許宏 著. -- 第一版. -- 臺北市：崧燁文化事業有限公司, 2024.11
面； 公分
POD 版
ISBN 978-626-416-065-0(平裝)
1.CST: 古城 2.CST: 人文地理 3.CST: 建築史 4.CST: 中國
681.1　　　　　　113016617

電子書購買

爽讀 APP

臉書

城郭中的歷史，考古學視角下的城池文明史：聚落環濠 × 邦國城池 × 大都無城……以中國古代城池的格局演變，重構文明體系的發展脈絡

作　　　者：許宏
發　行　人：黃振庭
出　版　者：崧燁文化事業有限公司
發　行　者：崧燁文化事業有限公司
E - m a i l：sonbookservice@gmail.com
粉　絲　頁：https://www.facebook.com/sonbookss/
網　　　址：https://sonbook.net/
地　　　址：台北市中正區重慶南路一段 61 號 8 樓
8F., No.61, Sec. 1, Chongqing S. Rd., Zhongzheng Dist., Taipei City 100, Taiwan
電　　　話：(02) 2370-3310　　傳　　　真：(02) 2388-1990
印　　　刷：京峯數位服務有限公司
律師顧問：廣華律師事務所 張珮琦律師

-版權聲明-
本書版權為河南文藝出版社所有授權崧燁文化事業有限公司獨家發行繁體字版電子書及紙本書。若有其他相關權利及授權需求請與本公司聯繫。
未經書面許可，不得複製、發行。

定　　　價：399 元
發行日期：2024 年 11 月第一版
◎本書以 POD 印製